南沙大桥工程建设系列丛书

# 引桥及互通立交

广东省公路建设有限公司
广东省公路建设有限公司虎门二桥分公司　编著

人民交通出版社股份有限公司
北　京

## 内 容 提 要

南沙大桥(原虎门二桥)项目建设系列丛书本着"以问题为导向"的特色,原汁原味地反映了建设进程中实际遇到的关键难题。在突破关键性难题的同时,展现了新的技术水平、创造了新的管理经验。本册主要介绍了引桥与互通立交设计和施工方面的主要内容,内容包括设计与施工概述、节段梁预制施工关键技术、节段梁拼装施工关键技术和东涌互通立交安全防护及施工关键技术。本书内容既有较为丰富的实践经验介绍,又有一定程度的理论阐述,可供从事基础设施建设的工程建设管理、设计、施工、监理的工程人员阅读,也可供大专院校桥梁工程及其他相关专业的学生使用。

**图书在版编目(CIP)数据**

引桥及互通立交 / 广东省公路建设有限公司,广东省公路建设有限公司虎门二桥分公司编著. — 北京:人民交通出版社股份有限公司, 2021.12
ISBN 978-7-114-17630-2

Ⅰ.①引… Ⅱ.①广… ②广… Ⅲ.①互通式立交—桥梁工程—引桥 Ⅳ.①U412.35

中国版本图书馆 CIP 数据核字(2021)第 186234 号

南沙大桥工程建设系列丛书
Yinqiao ji Hutong Lijiao

| | |
|---|---|
| 书　名: | 引桥及互通立交 |
| 著 作 者: | 广东省公路建设有限公司 |
| | 广东省公路建设有限公司虎门二桥分公司 |
| 责任编辑: | 郭晓旭 |
| 责任校对: | 赵媛媛 |
| 责任印制: | 张　凯 |
| 出版发行: | 人民交通出版社股份有限公司 |
| 地　　址: | (100011)北京市朝阳区安定门外外馆斜街 3 号 |
| 网　　址: | http://www.ccpcl.com.cn |
| 销售电话: | (010)59757973 |
| 总 经 销: | 人民交通出版社股份有限公司发行部 |
| 经　销: | 各地新华书店 |
| 印　刷: | 北京建宏印刷有限公司 |
| 开　本: | 787×1092　1/16 |
| 印　张: | 10.5 |
| 字　数: | 244 千 |
| 版　次: | 2021 年 12 月　第 1 版 |
| 印　次: | 2023 年 6 月　第 2 次印刷 |
| 书　号: | ISBN 978-7-114-17630-2 |
| 定　价: | 120.00 元 |

(有印刷、装订质量问题的图书,由本公司负责调换)

## 丛书顾问委员会

| | |
|---|---|
| 主　　任 | 周海涛 |
| 副 主 任 | 邓小华　刘晓华　贾绍明　黄成造　曹晓峰　童德功 |
| | 职雨风 |
| 委　　员 | 凤懋润　杨盛福　陈冠雄　左智飞　钟建驰　李守善 |
| | 姜友生　黄建跃　吉　林　高宗余　邵长宇　郑明珠 |
| | 张劲泉　史永吉　葛耀君　贺栓海　李　乔　侯金龙 |
| | 左明福　林　鸣　钟显奇　张钱松　刘永忠　王　璜 |
| | 鲁昌河　吴玉刚　洪显城　兰恒水　张家慧　张　栋 |
| | 王康臣　陈伟乐　钟振光　鲁茂好　游小聪　苏志东 |
| | 肖广成　叶觉明　阎友联 |

## 丛书编审委员会

| | |
|---|---|
| 主　　编 | 邓小华 |
| 副 主 编 | 吴玉刚　王康臣　陈伟乐　崖　岗　代希华 |
| 编　　委 | 李彦兵　张太科　周旭东　陈晓斌　曹植英　姚志安 |
| | 马　林　张鑫敏　鲜　荣　朱　超　朱　鹏　卢靖宇 |
| | 张秉银　张春声　陈学文　李金晖　禹金银　金志坚 |
| | 童俊豪　丁东平　蔡依花　赖嘉华　吴明远　罗旭东 |
| | 欧阳效勇　王晓夫　王中文　谭立心　杨　敏　吴建军 |
| | 黄厚卿　罗超云　杨东来　徐　伟　张顺先　薛花娟 |
| | 张海良　唐茂林　王晓明 |
| 编审小组 | 周海涛　凤懋润　杨盛福　贾绍明　黄成造　陈冠雄 |
| | 张劲泉　左智飞　黄建跃　张肖宁　叶觉明　阎友联 |

# 本书编审组

主　　编　代希华
副 主 编　李彦兵　朱　鹏　朱　超　黄厚卿
编写人员
　　　　　第1章　代希华　朱　鹏　吴建军　王东志
　　　　　第2章　李彦兵　沈大为　禹金银　夏　熙
　　　　　第3章　朱　超　金志坚　童俊豪　王晓明
　　　　　第4章　朱　鹏　丁东平　李金晖　朱小金
主　　审　黄建跃　张劲泉

# 丛 书 序

2019年4月南沙大桥(原虎门二桥)建成通车,成为珠江口东西两岸又一新的"黄金通道"。南沙大桥位于珠江三角洲核心区域,连接珠江口两岸的广州南沙和东莞,是粤港澳大湾区快速交通网络的重要节点,是纳入《粤港澳大湾区发展规划纲要》的重大交通设施项目。

南沙大桥工程全长12.9km,八车道高速公路标准,包括主跨1200m的大沙水道桥和主跨1688m的坭洲水道桥等两座特大跨径钢箱梁悬索桥,是世界上少有的同期建成两座主跨千米以上特大型悬索桥的集群工程。

南沙大桥是全体建设者以虎门大桥"艰苦探索、自主建设"的精神为榜样,历经十年规划、研究、设计、施工等,以"安全耐久、和谐美观、环保节约、科学创新"为目标,以"平安百年品质工程"为理念,在虎门大桥通车20多年后取得的特大型桥梁建设又一新进步、新成果,进一步推动了我国由桥梁大国向桥梁强国迈进的新征程。

大桥建设中,针对珠江口的环境条件和大跨径悬索桥特点,开展了超大跨径悬索桥抗风、合理结构体系与关键装置、正交异性钢桥面板构造细节与疲劳性能、一体化除湿系统及可更换成品索预应力锚固系统等研究,成为大桥工程设计有力支撑。此外,在国内率先开展了1960MPa高性能桥梁缆索关键技术及产业化研究,攻克了大跨径缆索桥梁关键材料核心技术等卡脖子难题,实现了全产业链国产化批量生产和规模化应用,形成了具有自主知识产权的高性能桥梁缆索全产业链产品性能和质量标准体系,推动我国桥梁缆索制造业进入了国际领先水平。

大桥建设中,针对通航安全保障、防御台风措施、特殊梁段安装、线形控制、合龙与体系转换等方面的安全风险和技术难题,深入开展施工方案研究,发展了先导索无人机牵引、基于物联网的索股架设控制、浅滩区钢箱梁连续荡移安装及活动托架法、临时索前吊后支法安装无索梁段等工法,保障了安全、提高了质量、提升了工效。在大型索鞍、超宽钢箱梁制造中,采用机器人自动焊接、三维激光跟踪测量、超声相控阵焊缝检测评定等新技术,实现了我国桥梁钢箱梁制造技术、装备的升级换代。

大桥建设中,针对重交通、高温、多雨等严苛的运营条件,开展了热拌环氧沥青混凝土的性能评价与材料设计,钢桥面铺装精细化施工的组织、管理、装备、工艺等一系列创新,保障了 13 万 m² 的钢桥面铺装高水平实施,推动了我国特大型桥梁钢桥面热拌环氧沥青铺装技术的新进步。

大桥建设中,始终贯彻"精品建造、精细管理"的现代工程管理理念,创立了"方案审查、首件验收、过程检查、技术总结"的管理"四步法";全面推行"工序流程卡"和"专控工序"制度;践行了"高标准,细程序,严监控"的标准化、程序化与精细化管理,为打造公路行业"品质工程"积累了宝贵经验;在公路行业率先开展了特大型桥梁工程 BIM+ 技术研究,探索了基于 BIM+ 的建养一体化管理平台建设,带动了公路行业 BIM+ 技术的广泛应用,推动了我国桥梁全寿命周期信息化管理迈上新台阶。

"南沙大桥工程建设系列丛书"再现了大桥建设的全过程,展现了大桥设计、施工、科研、管理等各方面的技术成果,是全体建设者十年心血和汗水的结晶。希望本书能为桥梁建设者提供有益的借鉴,也为我国特大型桥梁建设历史留下一笔宝贵的财富。

**2021 年 7 月**

# 前　言

　　南沙大桥(原名虎门二桥)工程位于粤港澳大湾区核心区域,是《粤港澳大湾区发展规划纲要》构建现代化综合交通运输体系、构筑大湾区快速交通网络的重要基础设施。项目所在区域经济高度发达,项目沿线公路、铁路、轨道交通、油气管线密集,土地资源稀缺。工程开展显著受限于既有交通与环境,整个项目的工期压力、实施难度和安全风险都非常高。为此,南沙大桥工程秉承"交互立体化、建造工业化、管控信息化、环境友好化、质量品质化"的建设理念和"建养并重"的全寿命周期成本理念,以桥梁工业化建造技术为抓手,切实践行"平安百年品质工程"。

　　南沙大桥引桥工程采用短线匹配法节段预制拼装技术,全面推进模块化建设和深入推广标准化设计;创新节段梁接缝处预应力管道密封技术,确保节段梁接缝施工质量;以物联网信息技术为依托,建设基于BIM的全寿命管理平台和全过程多功能几何控制协同管理平台,有效提高预制拼装精度,全面提升桥梁工业化建造水平。

　　南沙大桥互通立交工程采用立体复合交互建造技术,有效解决了多种复杂跨线场景中施工被制约、被干扰的难题。开发了涉地铁施工安全防护工艺及装置,提升了涉油气管线施工安全防护技术;发展了上跨既有线路施工工艺及安全控制技术,完善了下穿既有线路施工工艺及安全控制技术;总结形成了跨线互通立交安全施工标准化管理技术。立体复合交互建造技术注重"资源统筹、集约高效、生态保护",有力推进公路建设与生态、社会的可持续发展。

　　本书由下列单位共同参与编写:
广东省公路建设有限公司
广东省公路建设有限公司虎门二桥分公司
中交公路规划设计院有限公司
广东省交通规划设计研究院股份有限公司
中交第二公路工程局有限公司
中交第二航务工程局有限公司
同济大学
长安大学

在本书编写过程中,得到了广东省交通运输厅和广东省交通集团的大力支持,有关专家对课题研究和本书编写提出了宝贵建议,在此表示衷心感谢。限于编者水平,错漏之处在所难免,不当之处,敬请读者批评指正,以便修改完善。

作 者
2021年6月

# 目 录

**第1章 设计与施工概述** ········································································· 001
  1.1 工程建设概况 ············································································ 001
  1.2 引桥的设计与施工 ······································································ 007
  1.3 互通立交的设计与施工 ································································ 011
  1.4 本章小结 ················································································· 018

**第2章 节段梁预制施工关键技术** ···························································· 019
  2.1 总体概况 ················································································· 019
  2.2 考虑可施工性的短线匹配法节段梁优化设计 ······································ 021
  2.3 短线匹配法节段梁预制施工几何线形测控技术 ··································· 028
  2.4 节段梁墩顶块薄隔墙法施工技术 ····················································· 041
  2.5 基于"物联网+BIM"的节段梁预制施工可视化管理 ······························ 044
  2.6 本章小结 ················································································· 050

**第3章 节段梁拼装施工关键技术** ···························································· 052
  3.1 总体概况 ················································································· 052
  3.2 短线匹配法节段梁施工全过程几何线形控制技术 ································ 056
  3.3 节段梁接缝处预应力管道密封新技术 ·············································· 078
  3.4 节段梁施工全过程多功能几何控制协同管理平台研发 ························· 084
  3.5 本章小结 ················································································· 092

**第4章 东涌互通立交安全防护及施工关键技术** ········································· 094
  4.1 总体概况 ················································································· 094
  4.2 涉地铁施工安全防护工艺及监控技术 ·············································· 095
  4.3 涉油气管线施工安全防护技术及监控技术 ········································ 100
  4.4 上跨既有线路施工工艺及安全控制 ················································· 118
  4.5 下穿既有线路施工工艺及安全控制 ················································· 138
  4.6 跨线互通立交安全施工标准化管理 ················································· 151
  4.7 本章小结 ················································································· 156

**参考文献** ····························································································· 158

# 第1章　设计与施工概述

品质工程是践行现代工程管理发展的新要求,追求工程内在质量和外在品位的有机统一,是以优质耐久、安全舒适、经济环保、社会认可为建设目标的公路水运工程建设成果。打造品质工程对进一步推动我国交通运输基础设施建设向强国迈进具有重要意义。南沙大桥(原虎门二桥)引桥与互通立交工程在整个建设过程中,面对引桥的标准化设计、装配式施工的高要求,合理利用当地的建设条件,有效践行了交通建设中倡导的统筹设计理念,做到向设计要绿色,向管理要绿色,向服务要绿色。项目始终坚持可持续发展、统筹协调、创新驱动、因地制宜的思想,力争打造有亮点、有特色、有品位的高质量工程。

南沙大桥引桥与互通立交工程立足绿色公路建设新理念的基本特征,组织开展了以下四个方面的具体工作任务:一是,在保证工程质量优良、安全耐久的前提下,进一步统筹资源利用,实现资源集约节约;二是,加强生态保护,注重自然和谐,施工、运营、养护等各阶段的生态环境保护,实现最大限度的保护、最低程度的影响、最有力度的自然恢复,实现公路与生态、社会的健康可持续发展;三是,着眼周期成本,强化建养并重,坚持全寿命周期思想,对规划设计、建设施工和养护管理全过程进行统筹考虑及系统管理,实现公路质量和效益的双赢;四是,实施创新驱动,以信息化技术为依托,实现管理效能、服务载体和服务水平的全面提升,支撑多元化的交通出行需求。

《交通强国建设纲要》提出的"一流设施"目标对公路建设品质提出了更高要求。南沙大桥引桥与互通立交工程在实际设计中合理采用统筹兼顾的设计理念,做到统筹兼顾,追求工程内在质量和外在品位的有机统一,不断提高设计水平和建造技术。在整个项目中切实践行"建养并重"要求,工程方案坚持因地制宜,倡导设计创作,追求自然朴实,设计中融入工程美学;切实加强精细化设计,注重工程薄弱环节设计的协调统一,统筹考虑施工的可操作性和维护的便捷性;充分发挥信息技术的支撑作用,加快BIM(建筑信息模型)技术普及应用,加快提高桥梁建造智慧化管理水平。

## 1.1　工程建设概况

### 1.1.1　项目概况

南沙大桥项目位于粤港澳大湾区核心区域,是广东省高速公路网规划中连接广州和东莞的重要东西向通道。路线起于广州市南沙区东涌镇,顺接国道主干线广州绕城高速公路南环段,同时与广珠北线高速公路连接,经广州市南沙区、番禺区,先后跨越珠江大沙水道、海鸥岛、坭洲水道后,穿越虎门港进入东莞市沙田镇,终点与广深沿江高速公路相接,并预留与规划中的河惠莞高速公路接口,全长12.89km。南沙大桥上游距珠江黄埔大桥约20km,下游距虎门大桥约10km。全线采用双向八车道高速公路标准,设计速度为100km/h,设计使用寿命100年。

南沙大桥项目部分效果图如图1-1所示。该项目全线采用桥梁方案,共包含两座超千米级悬索桥,其中坭洲水道桥采用主跨658m+1688m双跨钢箱梁悬索桥,大沙水道桥采用主跨1200m的单跨钢箱梁悬索桥;全线设置东涌、海鸥岛、沙田三座互通立交,并预留骝东互通立交;引桥结构形式为25~62.5m跨径的节段拼装预应力混凝土箱梁。

图1-1 南沙大桥项目部分效果图

建设南沙大桥对进一步完善广东省及珠三角地区公路网布局和功能,分流虎门通道和广深通道快速增长的交通需求,改善珠江东西两岸交通运输条件,加强珠江两岸联系,促进珠三角经济一体化、同城化协调发展,推进粤港澳世界城市群建设都有着重要作用。

## 1.1.2 建设条件

1)地形、地貌及地层情况

本项目位于珠江水道下游,地貌为三角洲冲积平原,全部为第四纪沉积层所覆盖。地势低洼平坦,河道弯曲,河流分支复合频繁,上、下游互相贯通或有汊流相接。大沙(浮莲岗)水道、坭洲(狮子洋)水道从场区横穿而过,将其陆域分为沙公堡、海鸥岛、东莞段(沙田、厚街)3个区域。

沙公堡位于项目的起点(大沙水道西岸),其地形较平坦,高程在-0.10~2.90m之间,相对高差3.00m,区内主要为农田,少量鱼塘、民居。海鸥岛位于大沙水道和坭洲水道之间,地形平坦,高程-0.70~2.50m,相对高差3.20m,区内主要为鱼塘,少量农田、民居。东莞段位于坭洲水道东侧,地形较平坦,高程在-0.60~3.50m之间,相对高差4.10m,区内主要为农田、鱼塘及少量民居。

根据《南沙大桥工程场地地震安全性评价报告》,结合工程地质勘察成果,路线范围断裂多为非全新统活动断裂,隐伏于第四系覆盖层之下,现阶段总体处于稳定状态,在一定时期内发生活动的可能性小,对本项目影响有限。项目区抗震设防烈度为Ⅶ度,设计基本地震动加速度峰值为$0.10g$。

2)地质情况

项目区沿线均为第四系所覆盖,覆盖层主要为全新统海陆交互相沉积层($Q_4^{mc}$)及河流冲积层($Q_4^{al}$),厚度一般小于30m,场地分布软土,厚度7~20m;基底岩性主要为下第三系(E)碎屑岩,属软质岩,具风化倒置、风化夹层现象,失水干裂,局部软硬相间,岩性由泥岩、粉砂质泥岩、泥质粉砂岩、粉砂岩、细砂岩、砂岩、含砾砂岩及风化层组成。项目区存在的不良地质与特殊性岩土主要为饱和地震液化砂土和软土。

3）沿线交叉道路情况

本项目处于高度城市化区域，沿线路网发达，被交叉道路密集，道路等级高，互通立交多。沿线主要被交道路情况见表1-1。

沿线主要被交道路一览表　　　　表1-1

| 交叉桩号 | 被交道路名称 | 道路等级 | 被交道路宽度(m) | 净空要求(m) | 备注 |
|---|---|---|---|---|---|
| K0+000 | 京珠高速公路广珠北线 | 高速公路 | 33.5 | 5.0 | 现状 |
| K0+089 | 广州地铁4号线 | 地铁 | 12.5 | 5.0 | 现状 |
| K0+519 | 规划路 | 地方道路 | 49.0 | 5.0 | 规划地方道路 |
| K1+159 | 庆沙路 | 村道 | 8.5 | 5.0 | 现状 |
| K1+185 | 规划路 | 地方道路 | 36.0 | 5.0 | 规划地方道路 |
| K1+735 | 规划平南高速公路 | 高速公路 | 33.5 | 5.0 | 规划高速公路 |
| K5+560 | 海鸥公路（省道S296） | 二级 | 8.5 | 5.0 | 现状道路，规划宽20.0m |
| K11+008 | 港口大道 | 一级 | 70.0 | 5.0 | 现状主干道 |
| K11+813 | 规划穗丰年路 | 一级 | 60.0 | 5.0 | 规划主干道 |
| K12+223 | 规划路 | 地方道路 | 24.0 | 5.0 | 规划地方道路 |
| K12+891.116 | 广深沿江高速公路 | 高速公路 | 41.0 | 5.0 | 现状高速公路，正在施工 |

4）沿线管线情况

本项目线路位于高度城市化区域，沿线架空及地下管线均较多。对于沿线地下管线，桥梁跨径应根据管线的重要性合理布设，跨越一般管线时，满足基础施工安全距离要求；跨越液化天然气或石油管道时，桥梁布跨必须符合《中华人民共和国石油天然气管道保护法》，满足结构边缘距离管道中心线不小于5m要求。

勘察资料显示，东涌互通立交范围内有地下石油管道和天然气管道各一条。庆沙路附近设有一条天然气管道，沙田立交附近涉及一条正在铺设的管道。此外，本项目沿线多处与高压线路相交，主要有550kV顺广甲乙线、550kV沙广甲乙线、220kV珠广甲乙线、550kV沙广甲线、550kV沙广乙线、220kV虎亚甲乙线以及220kV珠北线。

### 1.1.3　建造难点分析

#### 1.1.3.1　节段梁预制与拼装施工难点分析

（1）如何保证短线匹配预制场能够优质、便捷且高效地预制节段梁？

南沙大桥引桥节段梁采用短线匹配法施工，是一种将结构拆分为分节段构件进行工厂制造、现场拼装的工艺，具有预制与拼装匹配度较高、梁节段模块化拼装、施工效率高等优点，特别适用于节段梁的快速施工与装配化施工要求。为满足标准化设计及快速施工要求，首先从设计源头统筹考虑施工的便捷性与可操作性,从而避免耗时复杂的工序延缓节段梁预制与拼装进度。南沙大桥节段梁原设计图纸中,箱梁构件的布置及连接设计、钢筋的构造及锚固设计与实际的预制施工过程存在冲突,加大了模板制作难度,施工效率低,可施工性较差。如何对原设计方案进行设计优化,保证从图纸到拼装现场的一致性,实现简化模板加工、加快模板安拆、降低施工难度、提高施工效率的目标,成为南沙大桥顺应桥梁快速施工要求、追求卓越品质工程的首个关键难题。

(2) 如何在预制过程中保证节段梁满足拼接精度与成桥线形要求?

节段梁预制施工是从设计到拼装承上启下的关键环节,是保证桥梁线形可靠性与结构质量的重要步骤;在这个阶段,节段梁的无应力线形控制参数一旦给定并经梁厂预制,在后续过程中难以再做调整。南沙大桥引桥节段梁采用化整为零、集零为整的短线匹配法施工,节段梁成桥线形对各节段匹配精度高度敏感,对相邻节段的定位匹配精度提出了较高的要求,尤其是在预制阶段需充分考虑桥梁成桥状态的平面曲线和竖曲线的变化时,须对每一榀预制节段梁的几何尺寸进行精准定位和修正。南沙大桥节段梁预制施工中,多种控制要求相互耦合,控制内容繁多且控制精度要求高。因此,如何有效控制预制节段梁的几何线形,从而满足拼装线形的需要,成为南沙大桥引桥节段梁能否实现设计成桥线形的关键难点。

(3) 在墩顶块的预制过程中,如何确保横隔墙的外观质量和墩顶块的整体刚度性能,以满足减小吊装变形及降低作业风险的需要?

节段梁墩顶块采用现浇横隔墙与墩身固结,横隔墙钢筋与预应力管道布置较密,加之墩顶块竖向预应力管道安装、横隔墙混凝土浇筑及模板安装均在墩顶完成,若施工控制不到位,很容易导致横隔墙混凝土外观质量差、钢筋切断数量增加的问题,增加了吊装过程中变形及安全风险。

(4) 在施工多种因素干扰下,如何确保节段梁的拼装达到设计指标要求?

节段梁从制梁场运出后到达桥位处,进行节段梁架设拼装施工。在实际的建造过程中,结构实际的设计、加工、装配、测量过程中不可避免地面临各种误差和不确定性因素,使得现场拼装过程中结构的几何尺寸、物理参数、外部载荷及边界条件甚至监控计算模型本身皆具有不确定性。这些误差及不确定性随着拼装节段数的增加不断累积放大,将引起节段梁拼装的轴线、高程偏差,使得结构实际成桥线形往往偏离于设计成桥线形。南沙大桥引桥节段梁设计线形特征复杂,特别是中引桥7~11号墩、海鸥岛互通立交主线桥22~27号墩区域内节段梁位于缓和曲线段上且预制箱梁横坡需渐变,增加了节段梁空间定位与拼装精度要求,施工难度较大。

(5) 如何保证节段梁接缝处预应力管道的密封性?

节段梁悬拼施工时,首先在相邻节段梁对接面上涂接缝胶,然后进行对接。对接完成后通过张拉在箱梁顶板和底板上设置的精轧螺纹粗钢筋对结构施加临时预应力,使箱梁端面和凹凸剪力键之间对接紧密。最后张拉体内预应力束,进行孔道灌浆。为保证灌浆的密实性,南沙大桥节段梁预应力构造采取塑料波纹管成孔,配合真空辅助压浆工艺。考虑到节段梁拼接时,由于可能存在的偏差,箱梁拼装梁段的孔道位置会有一定的偏差,采用真空辅助压浆时,可能会发生孔道漏气漏浆的现象。此外,南沙大桥节段梁接缝处没有普通钢筋的连接,而是通过剪力键和导向键进行连接。当节段拼装体外预应力混凝土梁承受荷载超过接缝的开裂荷载时,接缝开裂,进而影响体内预应力束真空灌浆的质量效果,并带来接缝处预应力钢束的耐久性问题,因此,当前短线匹配预制拼装桥梁接缝封闭性并不理想,如何提出一种科学合理的接缝密封措施或接缝密封构造,从而有效提高管道密封性、减少跑浆漏浆问题,成为确保南沙大桥节段梁架设拼装质量的一个关键难题。

(6)如何在预制拼装施工管控中克服因工程规模大、节段梁数量多、节段梁匹配精度要求高等引发的施工数据链冗长复杂的突出难题?

①节段梁预制施工管控难题。

南沙大桥引桥节段梁的预制生产过程涉及进度、质量、成本、安全等多方面协调管理,具体包括预制构件的生产管理,厂区布置及台座生产情况管理,构件材料、进度、质量管理,构件仓储及运输管理等重要的组织管理内容。传统基于二维数据库的管理系统交互性及表现力差,无法直观、身临其境地参与现场管控。同时,各生产环节信息不通畅,不利于施工决策。短线匹配法节段梁的标准化生产线是一个复杂的人、机系统工程,实现对梁厂的标准化、流程化、可视化的管理难度较大。如何利用物联网、BIM 技术和云计等技术摆脱二维化的管理现状,实现预制梁厂基于三维可视化模型的动态化管理,是南沙大桥节段梁预制生产过程中实现智慧化管控的关键难点。

②节段梁拼装施工管控难题。

此外,南沙大桥引桥节段梁榀数多,且不同梁段的几何外形不一,节段梁预制拼装全过程中涉及海量异源几何监测数据,使得建造过程面临频繁的数据交互、数据质量的控制及数据的强关联性等管理难点。面对如此大规模的节段梁建造,如何对其几何监测信息、误差分析与线形调整数据、监控指令等信息进行多方的协同组织管理,成为制约节段梁拼装几何线形控制精度的重要难点。迫切需要建立一种集模型计算与预测系统、误差分析与修正系统、预制放样与拼装测量系统为一体,且具有正确识别各施工阶段状态参数、可视化预测线形发展趋势、动态修正施工精度误差、自适应逼近最优目标成桥状态等多功能的节段梁施工全过程几何控制方法与系统。

综上所述,为践行广东省高速公路建设管理现代化指导意见,追求百年品质工程,迫切需要将智慧化监控与信息化协同管理引入南沙大桥引桥节段梁的预制拼装施工各环节,实现对工程进度、项目质量及数据信息的三维可视化管理。着力打造短线匹配法预制节段梁"标准化设计、工厂化预制、快速化建造、智慧化管控"的新格局,提高桥梁工业化建造水平。

#### 1.1.3.2 互通立交设计与施工难点分析

南沙大桥项目位于粤港澳大湾区核心区域,沿线路网发达,被交叉道路密集,道路等级高,互通立交多。在设计施工时,不仅要考虑桥梁结构物本身的设计,同时还要选择与环境条件协调的施工方法,要重视总体设计和方案优化,从源头把控,重视工业化建造和标准化施工管理。同时在保证公路工程质量优良、安全耐久的前提下,要进一步控制资源占用、减少能源耗用、降低污染排放、保护生态环境、践行绿色公路建设倡导。在实际的设计与施工过程中,主要面临以下建造难题。

(1)旅游及生态保护区内的互通立交建造,如何实现追求生态环保、注重环境协调、满足景观需求的互通立交绿色设计?

引桥及互通立交

海鸥岛互通立交用于南沙大桥主线与地方海鸥公路交通流转换,位于番禺区石楼镇海鸥岛旅游及生态保护区,依靠其优越的地理位置和生态环境,未来将成为广州城市的后花园及广州郊区一个重要的休闲旅游区。这里自然环境优美,生态和谐,环保要求高、建设条件复杂。互通立交的设计不仅要考虑结构受力可靠性要求,更要兼顾生态环保,最大限度地控制资源占用及污染排放,同时需要保证立交行车视野,设计难度较大。如何在保证合理的立交设计形式、最优的总体布局的同时,又兼顾到交通转换功能、服务水平、行车效率、行车安全性与舒适性、环境协调性及景观设计要求,成为南沙大桥互通立交设计过程中面临的重要难题。

(2)涉地铁施工,如何在保证地铁正常运营的情况下,实现结构施工的安全性与可靠性?

东涌互通立交施工需5次上跨日均客流37.39万人次、年客运量13647.35万人次的广州地铁4号线高架桥,施工历时1年半。为保障地铁轨行区安全,临、跨地铁高架桥施工必须做到先防护后施工、无监测不施工。因受地铁运营时间限制,防护装置的安拆须快速、安全,且杂物不能掉入轨行区,常规的散搭散拼散拆无法满足施工要求。

(3)涉油气管线施工,如何最大限度地减少对既有管线的影响,实现新建结构及既有管线的双向同步安全防护?

南沙大桥东涌互通立交面临6个临近或上跨管线施工场景,施工作业时严格要求施工活动对既有管线的扰动尽可能最小,以保证管道系统及其各组成部分的正常运行。传统吊装施工不适宜在高压油气管线上方进行,采用何种施工工艺及安全防护技术,实现对新建结构和既有管线的双向同步安全防护,成为保证南沙大桥涉油气管线施工安全及质量的关键难题。

(4)如何确保上跨既有线路施工的安全防护?

南沙大桥东涌互通立交工程跨线数量多,跨线分布特征复杂。上跨既有线路施工要在保持下方线路运营与保证行车安全的前提下进行,且尽可能减小对既有线路的干扰。如何在保证既有线路正常运营的情况下,尽可能地实现结构施工的安全性与可靠性,成为保证南沙大桥上跨既有线路施工安全及质量的关键难题。

(5)如何确保下穿既有线路施工的安全防护?

下穿既有线路工程面临净空高度不足、施工技术复杂、施工周期长及周边环境影响因素多等问题,现有成熟的施工工艺受下穿场景限制难以被直接实施。机械设备的运输与安装、既有线路桥墩的实时量测与监控、同步注浆、人机环管等各个系统的协调配合较困难。同时,在下穿线路的复杂条件下,施工过程中面临的不确定性安全风险因素较多,增加了施工安全风险管理的难度。因此,如何在保证既有线路正常运营的情况下,实现安全可靠的桥梁建造,成为确保南沙大桥下穿既有线路施工安全的关键难题。

(6)在多跨线场景、多施工工艺、多部门协同配合需求的约束下,如何实现互通立交的安全施工标准化管理?

东涌互通立交施工环境复杂、施工工法众多,同时涉及多部门的协调配合,安全施工管理难度较大。如何对现场施工操作、机械设备使用、多方同步协调、风险防控方案及施工措施方案进行标准化管理,实现东涌互通立交的安全施工、文明施工、平安施工、顺利施工,成为加快推进南沙大桥专业化、精细化、信息化及标准化的现代工程管理水平进程中亟待解决的关键难题。

## 1.2 引桥的设计与施工

推进工业化建造、模块化建设是的桥梁产业高质量发展的方向,统筹桥梁的设计和施工,实施标准化设计、装配化施工,可有效提升施工质量、降低建设成本、促进绿色发展,是品质工程建设的重要内容。南沙大桥项目主桥通航净空达到了60m,引桥的设计充分考虑了桥址墩高、地质、堤岸安全、工程造价、景观环境、施工组织等因素,融入统筹设计理念,科学地将引桥分为低墩区、中墩区和高墩区,分别布置相应跨径预制梁的构造形式与尺寸,实现标准化设计和装配化施工。

### 1.2.1 引桥的设计概述

#### 1.2.1.1 总体设计思路

南沙大桥引桥总长较长、墩高变化范围较大、设计方案可选择范围较广,因此,需针对桥梁所处位置,根据墩高、地质条件等因素,对桥梁跨径布置、上下部结构施工方案等进行详细研究比选。主要设计思路如下:

(1)考虑到桥跨结构长期运营的耐久性,大桥设计基准期为100年,应从结构设计、材料应用、防腐措施选择等方面综合考虑,采用成熟的施工工艺,充分考虑结构的质量保证措施及结构长期耐久性。

(2)桥型方案选择时应考虑整个工程的组织实施与施工方案,考虑主引桥施工的相互影响关系,考虑施工面划分与工期的关系,考虑桥位桥头区段场地条件,实现考虑可施工性与便捷性的统筹设计。

(3)充分重视景观设计,力求造型美观,引桥的跨径布置、梁高和断面形式尽量与通航孔桥和周边环境相融合,尽量减少引桥过多的变化而造成的不协调。同时充分重视生态环境和自然景观的保护,力求将对其的影响程度降到最低。

(4)桥型方案选择时尽量考虑采用先进的结构形式和施工方法,综合考虑造价、景观、施工等多方面因素。引桥在结构形式上属于多次重复,任何一个方面的小变化都可能对总体投资和施工时间造成影响。

(5)跨径的选择合理与否对工程的经济性、美观性及施工进度有较大的影响,需要对同种墩高、不同跨径进行全面的比选,以确定与墩高和基础对应的经济跨径。同时,跨径的布置还要考虑与主桥的配合及跨线要求景观影响等因素。

(6)设计要与施工紧密结合,在满足以上要求的基础上,充分考虑施工的便利性及标准化、精细化等因素进行综合分析。

#### 1.2.1.2 引桥节段梁结构设计方案

引桥主线桥墩高在10~65m之间,综合考虑各方面因素后,将引桥按墩高分别划分为高墩区(墩高40m以上)、中墩区(墩高25~40m)和低墩区(墩高25m以下)。项目墩高分布如

图 1-2 所示。综合考虑经济、景观、建设经验等因素,经过比选,各墩高范围跨径布置为:低墩区跨径 30m,中墩区跨径 45m,高墩区跨径 55m/62.5m。

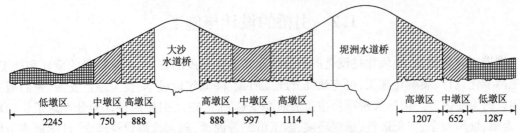

图 1-2 主线桥各墩高范围立面布置示意图(尺寸单位:m)

1) 低墩区

本项目低墩区主要位于东涌互通立交和沙田立交范围内,立交变宽段较长,部分异型结构采用小箱梁有一定难度。同时由于与本项目相交的南二环高速公路、广珠高速公路、沿江高速公路均采用预应力混凝土预制小箱梁,因而低墩区引桥上部结构采用预应力混凝土预制小箱梁,变宽较大及分叉异型结构采用现浇连续箱梁。

2) 中、高墩区

中墩区墩高在 25~40m 之间,采用 45m 的跨径节段预制混凝土箱梁。高墩区墩高在 40~65m 之间,依照跨珠江大堤的技术要求,分别采用 55m 和 62.5m 跨径节段预制混凝土箱梁。表 1-2 为南沙大桥引桥节段梁拼装构造设计参数。

南沙大桥引桥节段梁拼装构造设计参数　　　　　表 1-2

| 跨径(m) | 62.5 | 55.0 | 45.0 |
| --- | --- | --- | --- |
| 顶板厚度(cm) | 28 | | |
| 底板厚度(cm) | 27/32/37/42/47 | | 27/47 |
| 边腹板厚度(cm) | 45/50/55/60/65 | | 45/65 |
| 中腹板厚度(cm) | 40/45/50/55/60 | | 40/60 |
| 中横梁厚度(cm) | 320 | 320 | 280 |
| 端横梁厚度(cm) | 225 | 200 | 240 |
| 节段梁长度(cm) | 300/255/200 | 350/265/170 | 350/325/300/247.5 |
| 现浇湿接缝长度(cm) | 20 | | |

节段梁构造采用单箱双室结构。为满足受力要求并便于节段梁标准化制造,腹板及底板厚度可在靠近支座 3~4 个节段梁起逐步增大,采用突变的方式增厚腹板。箱梁顶、底板平行布置,横坡通过整体旋转的方式形成。节段拼装箱梁为双向预应力混凝土结构,主梁除布置纵向预应力束外,在桥面板内设有横向预应力束。

#### 1.2.1.3 引桥节段梁耐久性设计方案

一般来说,预制节段拼装桥梁,只要正确地设计和施工,就会有好的长期耐久性。因此,在南沙大桥项目节段梁拼装设计过程中,主要从预应力体系设计、预应力筋防腐方案、节段梁接缝防腐措施等方面,增强结构耐久性。

1) 预应力体系

由于体外预应力具有减轻上部结构重量,方便主梁制作以及可以更换体外束等诸项优点,预制节段拼装桥梁使用体外预应力越来越普遍。既有全部使用体外预应力索的,也有兼用体内束与体外束的。体外束的使用是根据架设方法的不同而有所差别的。在兼用体内束与体外束时,一般而言,对架设过程中所需的预应力钢材主要采用体外束,对成桥后所需的预应力则使用体内束。

本项目节段梁的设计采用体内+体外混合配束的方案,同时设计预留一定数量的体外束转向及锚固构造,以方便后期体外束的更换及补充。

2) 体外束防护方案

目前,体外预应力的设计方法及施工工艺已可保证体外束可达、可检、可修、可换,其耐久性已成为其设计采用的优点之一。本项目设计要求体外预应力体系应满足可更换要求,设计使用寿命不小于30年。南沙大桥引桥节段梁体外束主要防护体系如图1-3所示。

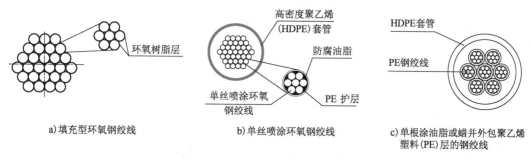

图1-3 南沙大桥引桥节段梁体外束主要防护体系

3) 体内束防护措施

一般来说,因体外束的使用,体内束数量大幅减少。体内+体外混合配束节段预制拼装桥梁相对现浇桥梁有更好的耐久性,但由于接缝的存在和部分体内预应力的使用,体内束的耐久性问题仍值得关注。同其他混凝土桥梁相比,管道压浆密实性及节段梁拼缝对预制节段拼装桥梁耐久性的影响尤为突出。管道的压浆是体内的后张预应力结构必不可少的一道环节。但现有预应力灌浆通常存在灌浆不密实、水泥浆中存在气泡以及锚头的防护等问题,且目前对其工作状况仍无法通过检测手段准确获取。

南沙大桥引桥节段梁体内预应力孔道采用真空压浆工艺,浆体质量以及压浆设备必须满足《公路桥涵施工技术规范》(JTG/T F50—2011) 相关要求。在注浆前,应在张拉、锚固端用环氧砂浆封闭外露锚头,防止锚头处漏气。

4) 节段梁接缝防护措施

短线匹配法预制节段梁中,节段梁之间的接缝处没有普通钢筋的连接,通过剪力键和导向键进行连接,并承受节段梁拼装体外预应力的荷载,因此接缝是整个短线预制拼装结构中的薄弱环节。为提升节段梁接缝密封性能,减少跑浆漏浆问题,提高预应力和桥梁耐久性,自主研发了南沙大桥预制节段梁接缝间新型预应力管道密封装置。

## 1.2.2 引桥的施工概述

上部结构根据桥梁的跨径、线形控制、设备及施工进度等要求,节段梁分别采用了悬臂拼装和逐跨拼装的"短线匹配法"装配式施工工艺,预应力混凝土预制小箱梁采用架桥机或者汽车起重机架梁。引桥下部结构采取现场浇筑的施工工艺。

1)上部结构

引桥等宽段上部结构低墩区采用25m、30m、35m 预制小箱梁,中、高墩区分别采用45m、55m、62.5m 节段预制拼装箱梁。全线3533 榀混凝土阶段箱梁的预制拼装具有箱梁结构复杂、拼装位置多等特点。采用"短线匹配法"工艺,实现全桥节段梁的装配化预制拼装施工,保证了拼装进度及质量控制。其中,预制小箱梁采用架桥机或者汽车起重机进行拼装,45m 跨径节段梁采用逐跨拼装法拼装,55m 和 62.5m 跨径采用悬臂拼装法安装。变宽段为现浇箱梁施工,采用钢管桩少支架搭配低层满堂支架施工。

2)下部结构

引桥桩基采用钻孔灌注桩,桩基多为嵌岩桩,少部分为摩擦桩,桩径 $\phi1.3\sim2.2m$,桩长 $31.95\sim69.95m$。引桥承台最大混凝土方量为 $672.9m^3$,采用钢板桩围堰施工,引桥墩身采用翻模法施工。

## 1.2.3 建造关键技术

1)考虑可施工性的短线匹配法节段梁优化设计

南沙大桥节段梁原设计图纸与拼装现场的不一致,造成可施工性差、施工效率低,不适应短线匹配法的快速施工、装配化施工要求。在原图纸基础上,本项目通过权衡现场拼装要求、钢筋布束要求、吊装刚度要求等,考虑施工可行性及施工便捷性要求,对节段梁结构形式、细部构造及构件尺寸等进行了优化设计,简化模板加工、加快模板安拆、降低施工难度、提高施工效率,以满足南沙大桥的快速施工、装配化施工要求。

2)短线匹配法节段梁预制施工的几何线形测控技术

根据设计要求和施工方案按正装迭代法计算得到各节段梁无应力状态下的预制线形,为节段梁预制提供每个节段的控制参数。采用双测量塔控制体系及六点控制法,实现固定端模安装的高精度控制、测量数据的实时采集、匹配梁段的精准空间定位、模板及台座的实时变形监测。此外,综合考虑了计算理论误差、以直代曲误差、基础与支架模板变形误差、测量放样误差及温度误差等主要的误差影响。在预制过程中,对每一预制节段梁的匹配精度进行判断和修正,避免各节段梁产生误差积累。当实际线形与理论线形出现偏差时,通过误差分析和预测,对后续拼装节段梁的相对定位高程和几何尺寸进行调整控制,使节段梁满足拼装线形要求,最终实现设计成桥线形。

3)节段梁墩顶块薄隔墙法施工技术

通过对预制节段梁墩顶块横隔墙传统施工工艺缺点分析,在实践中总结出节段梁墩顶块横隔墙施工新工艺——薄隔墙法。该方法在南沙大桥工程中得到较好的应用,并取得了较好的社会效益和经济效益。

4）短线匹配法节段梁施工全过程几何线形控制技术

在总结国内外短线法预制拼装施工经验基础上，南沙大桥项目建立了短线匹配法节段梁施工全过程几何线形控制系统。该系统是以全过程自适应几何控制法为理论基础，将节段梁预制拼装全过程纳入其控制系统中，对预制拼装施工进行全方位掌控，并从梁的制造阶段开始对桥梁的施工误差进行识别与调整，直至梁段的拼装完成。此外，该系统以大型数据库为核心，是集模型计算与预测系统、误差分析与修正系统于一体的短线预制拼装线形控制软件系统，可实现宽幅变截面箱梁、缓和曲线变横坡、小曲率半径等复杂线形的高精度控制，同时采用先进的网络技术，软件控制服务器通过智能客户端对多个项目进行远程控制运算。

5）节段梁接缝处预应力管道密封新技术与装置研发

针对预应力管道密封易出现跑浆漏浆的问题，提出了节段梁接缝间预应力管道新型密封装置，给出了新型接缝密封装置的组成元件、构造形式、工作原理。通过密封装置的三维有限元模型，建立了装置顶推挤压过程挤压应力分析的力学模型及数值计算方法，确定了影响装置完成顶推挤压的最小顶推力的主要影响因素。研究了橡胶圈的弹性模量、过渡区坡度以及橡胶-聚氯乙烯（Polyvinyl Chloride，PVC）材料对顶推挤压力的影响规律。通过现场试验，对传统接缝密封形式与新型接缝密封形式的密封效果进行对比分析，以验证新型密封装置的密封性和持压效果。

6）构建节段梁预制与拼接全过程的信息化管控体系

(1) 基于"物联网+BIM"的节段梁预制施工可视化管理

为更好掌握预制梁厂实时生产状态，追溯每片预制梁段的生产全过程痕迹及质检信息，南沙大桥项目引入"物联网+BIM"技术方案，利用二维码技术对预制梁厂进行可视化动态管理，形成了基于"物联网+BIM"的节段梁预制施工可视化管理平台，打破了传统信息化管理系统的框架束缚。通过物联网技术把传感器、控制器、机械设备、人员和构件等连接在一起，形成技术负责人与相关构件制造、构件与构件互联。采用BIM技术实现三维虚拟展示，真实展现了实际构造物、设备及信息数据。"物联网+BIM"技术方案将大量线形测量数据的采集和输入工作，前置至移动终端或者智能传感设备，并以非常直观的方式展示给用户，辅助管理决策。

(2) 节段梁施工全过程多功能几何控制协同管理平台研发

南沙大桥项目开发了面向节段梁预制拼装全过程的多功能几何控制协同管理平台。该平台基于网络数据库及可视化技术，对全过程后台数据、测量数据、核心算法、指令输出等进行系统化管理，并提供数据查询、指令发布、信息提醒等功能。融合BIM可视化模型展示，极大地提升了监控数据信息化管理效率及建设各方协同化管理效率。

## 1.3　互通立交的设计与施工

桥梁建设引起的环境直接和间接损失以及交通中断可能超过结构本身的实际成本。绿色公路建设理念强调"推动绿色发展，促进人与自然和谐共生"，把握区域环境和工程特点，因地制宜，最大限度地减少对周围环境的影响，实现新建结构及已建设施的双向同步安全防护。此外，为加快推进广东省高速公路管理现代化建设和可持续发展，全面提升公路建设管理水平和服务质量，南沙大桥互通立交工程以推动标准化管理为抓手，全面落实施工安全标准化管理，在设计及施工过程中同步做好统筹设计与安全施工防护,树立"全员、全过程、全方位"的标准化管理理念。

针对南沙大桥互通立交工程面临的复杂跨线问题,全方位研究了涉及各种跨线类型及多种施工场景的跨线工程安全施工技术,分别形成了涉地铁施工安全防护技术、涉油气管线施工安全防护技术、上跨既有线路安全施工技术及下穿既有线路安全施工技术等系列关键技术。系列关键技术的应用,既确保了新建结构的安全和质量,又满足了既有线安全营运的需要,科学践行了绿色公路建设和现代工程管理理念。

### 1.3.1 互通立交的设计概述

南沙大桥项目沿线经过多个主要城镇,互通立交的设置除应满足现有道路网区域交通转换功能和吸引交通量外,还应为沿线乡镇提供便捷服务。结合沿线城镇规划、交通量的预测以及区域内主要公路网的布局情况,南沙大桥项目设置了东涌互通立交、骝东互通立交(预留)、海鸥岛互通立交及沙田互通立交四座互通立交。南沙大桥互通立交设置情况见表1-3。

南沙大桥互通式立交设置一览表　　　　表1-3

| 立交名称 | 交叉桩号 | 立交形式 | 被交道路 | | 交叉方式 |
| --- | --- | --- | --- | --- | --- |
| | | | 名称 | 等级 | |
| 东涌互通立交 | K0+000 | 半定向混合型 | 广珠北线高速公路 | 高速公路 | 主线上跨 |
| 骝东互通立交 | K1+737 | 定向型+内环 | 规划东部干线 | 规划城市快速干道 | 主线上跨 |
| 海鸥岛互通立交 | K6+704 | 新型螺旋定向型 | 海鸥岛规划路 | 规划城市主干道 | 主线上跨 |
| 沙田互通立交 | K12+886 | 喇叭+涡轮型 | 规划进港北路+广深沿江高速公路 | 规划城市主干道+高速公路 | 主线上跨 |

东涌互通立交的设计需要权衡多跨线场景的施工安全性,是南沙大桥项目互通立交中设计复杂性最高、难点最多的控制性工程。海鸥岛互通立交位于旅游区海鸥岛,这里自然环境优美,生态和谐,环保要求高。互通立交的设计不仅要考虑结构受力可靠性要求,更要兼顾生态环保,因此对设计提出了更高的要求。因此,本节以东涌互通立交及海鸥岛互通立交为例,简要概述南沙大桥互通立交工程的设计情况。

#### 1.3.1.1 东涌互通立交设计概述

1)立交概况

东涌互通立交位于广州市南沙区东涌镇庆盛村,为本项目起点处与国道主干线广州绕城公路南环段顺接,同时与广珠北线高速公路相连接的互通立交。广珠北线高速公路设计速度120km/h,各匝道设计速度为60km/h。

2)立交设计方案

南环高速公路实施时,对本立交采用一次设计、分期实施。东涌互通立交平面设计图如图1-4所示。南沙大桥初步设计阶段,对东涌互通立交基本维持原南环高速公路的设计方案,立交形式采用涡轮型,各转向匝道均采用定向和半定向匝道,匝道设计速度为60km/h。部分匝道平曲线最小半径为155m,最大纵坡4.312%(接顺已建匝道部分)。初步设计阶段还对原南环高速公路设计方案的细部进行了局部微调,根据最新的联网收费情况及交通工程设施设计情况,取消了原立交转向匝道上的标识站;同时结合本项目主线的平纵线形设计及最新的交通量预测情况,合理调整了匝道出入口路段的线形设计及匝道长度。东涌互通立交建成实景如图1-5所示。

图1-4 东涌互通立交平面设计图

图1-5 东涌互通立交建成实景

3)横断面设计

各立交匝道A、D、E、H的桥梁断面均采用双车道断面形式,一般段标准横断面宽度为10.5m(右侧硬路肩1.0m),E匝道分流前和D匝道汇流后采用右侧硬路肩2.5m的双车道横断面,横断面宽度为12.0m。

4)超高设计

东涌互通立交匝道超高设计时充分考虑了各匝道的设计速度、同匝道不同路段的运行速度、不同车型的行驶特性、平纵线形指标、结构物设计等对匝道超高设计的影响。匝道最大超高值取6.0%,各匝道的超高渐变均采用线性渐变的方式。

1.3.1.2 海鸥岛互通立交设计概述

1)立交概况

海鸥岛互通立交(即海鸥岛枢纽)位于跨越大沙水道及坭洲水道的中间路段,穿越了番禺区石楼镇海鸥岛,用于南沙大桥主线与地方海鸥公路交通流转换。海鸥岛属于旅游及生态保护区,依靠其优越的地理位置和生态环境,未来将成为广州城市的后花园及广州郊区一个重要的休闲旅游区。海鸥岛互通立交匝道桥方案及结构受地形地物、地质条件、抗震等多方面条件限制,同时还需满足景观、环保等设计要求,建设条件复杂,设计需综合考虑实际多种因素。

2)立交设计方案

在该立交的设计中,研究了多种新型螺旋形互通立交布置方案。螺旋形互通立交具有克服大高差、增大匝道长度、减缓匝道纵坡、布置紧凑、节省用地的特点,而且造型美观,结构对称,与海鸥岛内景观协调性较好。海鸥岛互通立交方案效果如图1-6所示。其中,螺旋形立交需要设置复杂的双层或多层框架墩,设计施工较为复杂。最后实施采用新型螺旋形定向型互通立交方案,通过匝道布置空间优化调整,避免了深厚软基路段多层框架桥的设计与施工难度。各转向匝道设计速度均为40km/h,最大纵坡为3.999%(入口上坡匝道),环形匝道下坡匝道最大纵坡为3.5%。与海鸥公路相接的连接线及收费站布置于主线桥下,进一步节省用地,互通立交占地仅约15.0hm$^2$。

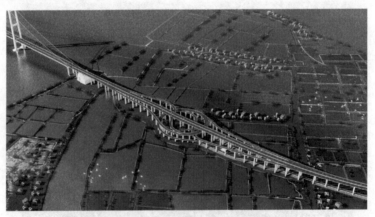

图1-6 海鸥岛互通立交方案效果图

3)平、纵面布置

如图1-7所示,本立交主线位于$R=2000$m的平曲线和直线上,A匝道与被交路接线位置位于海鸥公路直线段上。各匝道最小平曲线半径$R=75$m(不含平交口及收费站交叉口范围)。

海鸥岛互通立交区范围内,南沙大桥主线最大纵坡为2.5%(出入口及加减速车道范围最大纵坡为1.999%),最小凹曲线半径25000m;海鸥岛互通立交各匝道最大纵坡为3.999%(入口上坡匝道),环圈部分下坡匝道最大纵坡为3.5%。

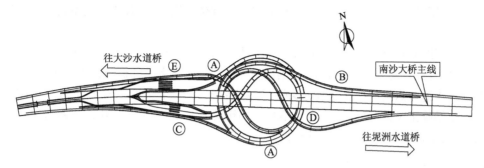

图1-7 海鸥岛互通立交实施方案平面图

4)横断面设计

南沙大桥主线:双向八车道整体式路基宽度41m(海鸥岛互通立交范围内桥梁宽度40.5m),其中,中央分隔带宽2.0m,左侧路缘带宽2×0.75m,行车道宽2×(4×3.75)m,硬路肩宽2×3.0m,土路肩宽2×0.75m(桥梁范围2×0.50m)。

5)超高设计

本立交匝道超高设计时充分考虑了各匝道的设计速度、同匝道不同路段的运行速度、不同车型的行驶特性、平纵线形指标、结构物设计等对匝道超高设计的影响。匝道最大超高值取6.0%,各匝道的超高渐变均采用线性渐变的方式。

## 1.3.2 互通立交的施工概述

东涌互通立交的建造是南沙大桥项目互通立交工程中复杂性最高、难点最多的控制性工程。在复杂的多场景跨线问题约束下,如何确保新建结构及周边环境的双向同步安全防护,最大限度减小对既有线路的干扰,成为跨线施工安全防护新技术面临的严峻挑战。本项目以绿色公路发展理念为指导,"因地制宜,因材施教"地研究了适用于各种施工场景的安全防护技术。

为了解决涉地铁施工的安全防护问题,本项目研发了可移动的安全防护平台。在临线分项工程施工前采取"可移动的安全防护平台"对轨行区进行保护。同时,编制了专项监控方案,采取扰动范围小、影响程度低、施工时间短的施工工法,实现了"高效率、重安全、少干扰"的互通立交涉地铁施工安全防护。

对于涉油气管线施工的安全防护,制定了油气管线防护专用施工方案并编制了专项监控方案,对东涌互通立交各匝道的表面沉降和分层沉降进行了多轮测量,以检测各匝道施工对管线的影响程度。各测点沉降逐渐趋于收敛,沉降速率基本趋于一致,检测结果表明管线防护专用施工方案有效。

本项目研究了多种上跨既有线施工场景,具体涉及悬浇施工场景、顶推施工场景及净空不足的施工场景。对悬浇施工场景,研发了上跨既有线施工挂篮防护及其安拆工艺,配合全封闭、兜底式防护平台随挂篮一起移动,实现悬浇全过程的防护;对顶推施工场景,针对常有的梁体侧面支点脱空问题及曲线梁旋转成坡问题,制定了有效解决方案;对净空不足的施工场景,制定了一系列专属应对方案。通过研究,在跨线部位设计一种钢壳,既作为混凝土浇筑的模板,又是混凝土箱梁结构的一部分,在跨线施工阶段还能起到防护作用。同时采用移动模架的受力体系,应用节段梁悬浇工艺的模架悬浇技术进行跨线施工,可解决净空不足跨线施工的安全运营问题。

对于下穿既有线施工的安全防护,面向东涌互通立交实际使用的多种典型的下穿施工场景,从防护装置设计与安拆、决策方案的制定与优化、监控结果的分析与讨论入手,系统阐述了各施工场景建造难点解决的全过程,形成了下穿高铁施工安全防护工艺、既有高速公路下净空不足的小箱梁施工工艺、高压线下净空不足的小箱梁安装工艺,以及高压线下钢箱组合梁安装施工工艺等,工程应用效果及推广性较好。

### 1.3.3 建造关键技术

1)面向绿色公路建设新理念的互通立交绿色设计

综合考虑结构受力要求与绿色环保等要求,海鸥互通立交采用新型螺旋式定向型互通立交方案,通过匝道布置空间优化调整,避免了深厚软基路段多层框架墩的重叠问题。匝道桥最终设计方案受力明确,抗震性能好,施工难度降低,造价合理,行车视野开阔,行车安全舒适,且与海鸥岛内景观协调性较好。

2)涉地铁施工安全防护工艺及装置研发

为保障地铁轨行区安全,临、跨地铁高架桥施工必须做到先防护后施工、无监测不施工。受地铁运营时间限制,防护装置的安拆须快速、安全,且杂物不能掉入轨行区,常规的散搭、散拼、散拆无法满足施工要求。南沙大桥项目采用"可移动的安全防护平台"对轨行区进行保护。保护范围为上跨线投影面以下,且投影面两侧各外延 5~6m。在临线分项工程施工前,先在轨行区搭设可移动的安全防护平台,对轨行区进行围蔽保护,再组织各分项工程的施工。由于防护平台提前预制组拼完成,在吊装和平移过程中,不会有零散构件的坠落或乱飞,减少了现场的清理工作,增加了有效作业时间;且可有效防止施工扬尘进入周围环境,起到了控制环境污染作用。

此外,编制了涉地铁施工安全防护方案及专项监控方案,采取扰动范围小、影响程度低、施工时间短的施工工法,对广州地铁4号线受广东南沙大桥项目施工影响区域地铁高架结构进行了安全监控与评估,实现了"高效率、重安全、少干扰"的涉地铁施工安全防护。相关方法可为同类型工程的涉地铁施工安全防护提供有益技术借鉴。

3)涉油气管线施工安全防护技术

南沙大桥东涌互通立交临近6处管线,其中包括中石化石油管线、液化天然气管线和广州燃气管线。施工过程中需有效防止桥梁施工高空坠物对油气管道的破坏;临、跨油气管线施工时,必须先对管线进行防护。目前尚没有明确的防护标准或规范。根据管道特征和地质条件,一般以尽可能减少管道周围土体扰动的原则进行防护方案设计。为此,编制了涉油气管线施工安全防护专项方案:在施工机具设备需要行驶、停放的地方,采用"管道两侧水泥双向搅拌桩+管道顶钢筋混凝土盖板"的形式进行管道保护;在施工机具设备不需要行驶、停放的地方,采用"混凝土板"覆盖在管道正上方,防止施工和桥梁运营过程中的坠物打击。未经双侧水泥搅拌桩和钢筋混凝土盖板保护的高压油气管线区域,禁止桥梁施工机械设备跨越通行。

此外,系统制定了涉油气管线施工专项监控方案,对东涌互通立交各匝道的表面沉降和分层沉降进行了多轮测量,完整分析了各匝道施工对管线的影响程度。一系列安全防护及监控方案有效防止了新建结构施工期间对邻近管线的影响及破坏,相关方法可为同类型工程的涉油气管线施工安全防护提供有益技术借鉴。

4) 上跨既有线路施工工艺及安全控制

(1) 既有线路上悬浇施工工艺

主要涉及上跨既有线路施工挂篮防护技术及安拆工艺。挂篮拼装完成后,将组拼好的兜底防护平台整体起吊至挂篮底部,吊挂在挂篮底前后横梁上,再在兜底平台上、挂篮四周搭设单层满堂式支架,在支架侧面采用双层密目铁丝网围闭。全封闭的兜底式防护平台随挂篮一起移动,实现悬浇全过程的上跨既有线施工安全防护。

(2) 既有线路上净空不足的小箱梁施工工艺

该技术主要涉及以下实施步骤:跨线施工方案的提出、模架悬浇跨线施工步骤、钢壳结构及吊装用桁架施工、挂篮和桁架安装、混凝土节段梁施工、钢-混凝土过渡段施工、钢壳内节段梁施工、合龙段施工、吊杆张力调整、支点不平衡弯矩计算。所有步骤内的关键措施方案均可确保既有线路上净空不足条件下施工的安全性及可靠性。

(3) 既有线路上顶推施工工艺

在客观建设条件约束下,针对顶推过程中常有的梁体侧面支点脱空问题及曲线梁旋转成坡问题,进行了多工况下的支点脱空验算,有效保证了既有线路上顶推施工的质量和安全。

5) 下穿既有线路施工工艺及安全控制

下穿既有线路工程面临净空高度不足、施工技术复杂、施工周期长及周边环境影响因素多等问题,现有成熟的施工工艺受下穿场景限制难以被直接实施。同时,机械设备的运输与安装、既有线路桥墩的实时量测与监控、同步注浆、人机环管等均应配合协调。在下穿路线的复杂条件下,施工过程中面临的不确定性安全风险因素较多,增加了施工安全风险管理的难度。针对多种下穿既有线路施工场景,多场景、多视角再现东涌互通立交下穿线路施工的全过程,具体涉及以下系列关键技术:

(1) 既有高速公路下净空不足的小箱梁施工安全防护工艺;

(2) 高压线下净空不足的小箱梁安装工艺;

(3) 高压线下钢箱组合梁安装施工工艺。

6) 跨线互通立交安全施工标准化管理

南沙大桥东涌互通立交工程面临多种复杂的跨线场景,施工环境复杂,施工工艺众多,涉及工种、人员、机械设备较多。施工安全风险较大,安全施工与标准化管理困难。为此,南沙大桥互通立交工程积极响应绿色交通发展理念及标准化管理,从加强工程安全风险管理基础体系建设、提升工程结构安全、深化平安工地建设、提升工程安全服务水平等标准化管理手段入手,对现场施工操作、机械设备使用、多方同步协调、风险防控方案及施工措施方案进行标准化管理。切实保证了互通立交整个建造周期中的施工安全及质量,实现了东涌互通立交的安全施工、文明施工、平安施工、顺利施工,可为类似公路及铁路的跨线施工安全管理提供有益指导。

所提施工技术措施和安全技术管理对策,既确保了新建结构的安全和质量,又满足了既有营运桥梁安全生产的需要,可为类似工程提供关键技术支持。

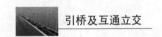

## 1.4 本章小结

推进桥梁工业化建造，统筹桥梁的设计和施工，实现桥梁标准化设计、装配式施工，进而提高施工质量、减少施工对周围环境的影响，降低建造成本，已经成为绿色工地、文明工地、智慧工地的重要内涵。南沙大桥项目引桥部分紧紧围绕《关于打造公路水运品质工程的指导意见》中的统筹设计、耐久性设计、标准化设计及装配化施工进行设计和施工，互通立交工程积极响应了绿色公路集约节约用地，倡导设计创作、工程美学、景观设计。

在引桥节段梁的统筹设计、装配化施工高要求，以及互通立交工程复杂的多场景跨线情况下，南沙大桥项目引桥与互通立交的设计和施工面临极其严峻的挑战。如适应于快速施工的节段梁优化设计难题、短线法节段梁的预制线形控制精度问题、节段梁墩顶块的质量控制难题、节段梁现场施工的空间定位与精准拼装难题、节段梁接缝处预应力管道的密封问题、节段梁预制拼装过程中海量监测数据的协同管理难题、跨线互通立交安全施工标准化管理难题、互通立交复杂的多场景跨线施工安全防护等难题。这些难点与问题相互交织，贯穿于建造全过程中，显著加剧了南沙大桥引桥及互通立交工程设计与建造的复杂性。为系统全面地考虑上述棘手难题，迫切需要寻求具有高适应性、强针对性的系列关键技术。

在南沙大桥项目的实际建造过程中，面向"难点与问题"的系列关键技术，使上述问题的解决成为可能。如考虑可施工性的节段梁优化设计、节段梁预制施工几何线形测控技术、节段梁墩顶块薄隔墙法施工技术、节段梁接缝处预应力管道密封新技术与装置研发、基于"物联网＋BIM"的节段梁预制施工可视化管理、节段梁施工全过程多功能几何控制协同管理平台研发、涉地铁和油气管线施工安全防护技术，以及上跨、下穿既有线路施工安全防护技术等。项目中衍生的关键技术体现了南沙大桥项目对实现品质工程的卓越追求，转变公路建设方式、深入推进绿色发展，切实提高了此类结构的设计与建造技术水平，可为涉及桥梁施工标准化、装配化及绿色公路发展理念的同类工程提供有益借鉴。

# 第 2 章 节段梁预制施工关键技术

短线匹配法节段式箱梁预制因其占地面积小,流水线作业生产效率高,适用类型变化多等优点应用愈发广泛。为满足快速施工要求,首先应进行节段梁优化设计,从设计源头统筹考虑施工的便捷性与可操作性,从而避免耗时的复杂工序影响节段梁预制与拼装进度。节段式箱梁预制的预制阶段不可避免地面临各种误差和不确定性因素,导致预制线形与理想目标状态的偏离;同时对每榀梁段预制生产状态的实时把控,实现预制阶段的高效管控较难把握。因此,短线匹配法式预制节段箱梁的预制线形精度控制和预制节段式箱梁过程的信息化高效管控工作尤为重要。

本章从节段梁的优化设计、几何线形测控、墩顶横隔墙施工及预制施工可视化管理四个方面开展技术研究,全面详细的提供了系列安全、精细、可控、可靠的短线匹配法节段梁预制技术,着力打造短线匹配法预制节段梁"标准化设计、工厂化预制、快速化建造、智慧化管控"的新格局。

## 2.1 总体概况

### 2.1.1 节段梁简介

骝东互通立交主线桥、西引桥、中引桥、海鸥岛互通立交主线桥、东引桥上部结构施工采用短线法节段梁预制拼装施工工艺,预制箱梁跨径39~62.5m,为单箱双室斜腹板预应力混凝土箱梁,详细结构尺寸见表2-1。

预应力混凝土箱梁结构尺寸  表2-1

| 序 号 | 跨径(m) | 结 构 | 顶宽(m) | 底宽(m) | 梁高(m) | 梁 长 |
|---|---|---|---|---|---|---|
| 1 | 62.5 | 单箱双室 | 20 | 10.4 | 3.6 | 2~3.7m（最重166t） |
| 2 | 55 | | | 10.64 | 3.3 | |
| 3 | 39~47 | | | 11.12 | 2.7 | |

南沙大桥引桥节段梁采用短线匹配法预制拼装,将桥梁上部结构箱梁划分成若干段,考虑荷载、坡度、弹模、预拱度影响,计算每榀节段梁在预制台座内的局部坐标,以浇梁段为基准,调整已完成预制相邻匹配梁段平面位置及高程,然后在预制台座的固定模板系统内逐榀匹配、流水预制梁段的一种施工工艺。短线匹配法对于预制精度要求非常高,每一节段梁预制误差如果不能得到控制,都可能导致较大的成桥线形偏差。短线法的优点为节段梁生产周期短,适用于直线桥梁和各种跨径的桥梁,对节段梁数量很大的多跨长桥和有水平曲线的桥梁尤其

适合。

各区段桥型布置和节段梁数量见表2-2。

各区段桥型布置和节段梁数量　　　　　表2-2

| 序号 | 施工区域 | 桥梁名称 | 桥型布置(m) | 桥长(m) | 标准节段梁数量 | 墩顶块 | 节段梁数量 | 跨数 |
|---|---|---|---|---|---|---|---|---|
| 1 | YQ-01 | 骝东互通立交主线桥 | 4×39+4×47+4×47+4×45+4×45 | 892 | 518 | 20 | 538 | 40 |
| 2 | | 西引桥 | 3×62.5+3×62.5+3×62.5+3×62.5 | 750 | 504 | 16 | 520 | 24 |
| 3 | | 中引桥 | 4×62.5+4×62.5+5×62.5 | 812.5 | 554 | 12 | 566 | 26 |
| 4 | YQ-02 | 海鸥岛互通立交主线桥(左幅) | 5×44+5×45+5×44+4×44+5×55+5×55+3×55 | 1556 | 943 | 30 | 482 | 32 |
| 5 | | 海鸥岛互通立交主线桥(右幅) | 5×44+4×45+4×45+4×44+4×44+5×55+4×55+3×55 | 1592 | | | 491 | 33 |
| 6 | YQ-03 | 东引桥(左幅) | 5×55+4×55+4×55+4×55+4×55+(2×45+39+42)+4×45+4×45 | 1686 | 1030 | 32 | 531 | 33 |
| 7 | | 东引桥(右幅) | 5×55+4×55+4×55+4×55+4×55+(45+39+42+45)+4×45+4×45 | 1686 | | | 531 | 33 |
| 合计 | | | | 左5696.5 右5732.5 | 3549 | 110 | 3659 | 221 |

箱梁标准断面见图2-1。

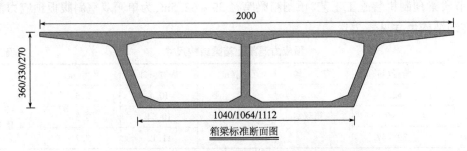

图2-1　箱梁标准断面图(尺寸单位:cm)

## 2.1.2　建设条件

1)地质条件

桥位地层层位多,自上而下主要为第四系全新系海陆交互相淤泥(淤泥质土)、粉质黏土及砂土,第四系更新系冲积相淤泥质土、粉质黏土及砂土、圆砾土和残积相粉质黏土;基岩为白垩系白鹤洞组泥岩、泥质粉砂岩、中砂岩,仅局部见有燕山期花岗岩。陆地地质条件差,覆盖层为淤泥、承载力低。

2)气象条件

(1)区域气候特征

①气温:年平均气温22.4℃,最热月7月平均气温28.6℃,最冷月1月平均气温14.4℃,极端最高气温38.2℃(1994年7月2日),极端最低气温0.9℃(1975年12月16日)。

②降水:年平均降水量1813.2mm,年降水量最小年份为1219.6mm(1991年),最大年份为2710.9mm(2008年)约为最小年份的2.2倍。年内雨水主要集中在汛期(4~9月),占全年雨量的82.8%;冬半年(10月~翌年3月)降水量只占全年的17.8%。

③风速:年平均风速2.0m/s,年内各月风速春、夏季大,秋、冬季小;东莞10分钟最大风速为20.0m/s(受1983年9月9日在珠海登陆的8309号台风登陆影响)。

④相对湿度:年平均相对湿度77%,但湿度的季节变化明显,在春夏季高湿季节,相对湿度时常达到100%,但在冬季干燥季节,极端最小湿度只有11%(2008年3月4日)。

⑤雾:多年平均雾日15d;历年最多雾日23d,历年最少7d。

(2)主要灾害天气

工程区域的灾害性天气系统主要有热带气旋、暴雨、龙卷、雷击、短时雷雨大风。其中,热带气旋具有强度强、频率高、灾害重,是对工程设计、建设和营运最具威胁的自然灾害之一。

1949—2003年55年间,在广东中部(阳江—惠东)一带沿海地区登陆的热带气旋有100个(其中达到台风量级的48个),年平均1.82个(台风0.87个),有13个年份的登陆热带气旋个数达3个以上,最多的1999年有6个热带气旋在此区域登陆。

3)运输航道

南沙大桥引桥节段梁预制达3536榀,节段梁重量大,运输路线需经过国家Ⅰ级航道大沙水道和坭洲水道,通航条件复杂。

大沙水道为内河Ⅰ级航道,据了解平均通行量为610艘/d,按通航1000t江海轮航道标准建设,满足1000t海轮全年通航的要求。最高通航水位为3.124m,通航净宽1114m,通航净高49m。

坭洲水道为内河Ⅰ级航道,船舶通行量很大,通航水深达11.5m,3.5万~5万吨级船舶可乘潮进出港,远期规划通航10万~15万吨级船舶。最高通航水位为3.694m,通航净宽1154m,通航净高60m。

## 2.2 考虑可施工性的短线匹配法节段梁优化设计

南沙大桥项目引线主线桥长约为5.7km,采用短线匹配法预制节段梁拼装施工工艺。节段梁的设计是首要步骤,其设计质量直接关系到结构受力性能和预制拼装的质量,甚至还会影响施工工期,对工程影响重大。由于原设计图纸的节段梁施工时遇到拼装工序繁杂等问题,南沙大桥项目进行了考虑可施工性的短线匹配法节段梁优化设计,保证了工程的进度与质量。

### 2.2.1 墩顶块设计优化

#### 2.2.1.1 拟解决的关键问题

固结墩的墩顶块采用挖空部分顶板、底板、腹板,底部设置两道横梁,中间设置纵向隔板的形式。墩顶块安装时会出现预留钢筋冲突、调位定位困难等问题,同时其刚度略小,需要采取加固措施。墩顶块的端面须在现场安拆模板,这加大了高空作业风险,增加了墩顶块的安装时间和费用。墩顶块的优化设计拟解决的关键问题为如何通过构件结构形式、尺寸及连接的设计寻优,实现墩顶块钢束合理布置,保证整体刚度性能。

#### 2.2.1.2 优化方案

1) 原墩顶块设计方案

中墩墩顶块为墩梁固结体系,为方便固结混凝土浇筑,原设计方案(图2-2)是将墩顶箱梁顶板、底板、隔墙挖空,在底部设两道横梁、中间设一道纵向隔板保证节段梁整体刚度,满足存放、吊装要求。

这种设计方案主要存在以下问题:

(1) 底部横梁和纵隔板钢筋较密,墩顶块安装时(图2-3)与墩顶预埋钢筋易冲突,导致墩顶块安装就位困难。

图2-2 墩顶块原设计方案

图2-3 墩顶块安装

(2) 预制墩顶块无底板,需设置调位横梁将支点转换至墩顶外托架上(图2-4),调位施工操作困难。

a)

b)

图2-4 墩顶调位系统布置

(3)因顶底板及隔墙挖空,整体刚度较小,吊装及调位过程中翼缘板变形超过 2mm,与 1 号节段梁匹配时,需在翼缘两侧安装反拉梁机构(图 2-5),采用型钢架与精轧螺杆相结合的形式增大整体刚度,从而保证墩顶块线形。

图 2-5　墩顶块反拉梁机构

(4)挖空部分需现场拆除模板,工效低,高空作业安全风险大。

(5)墩顶块底板为后浇结构,与 1 号块之间还需设置湿接缝(图 2-6)。

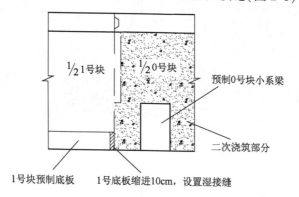

图 2-6　墩顶块与 1 号块湿接缝示意图

2)墩顶块优化方案

为解决以上问题,优化墩顶块设计(图 2-7)如下:

(1)调整墩顶块底板横梁位置,使横梁外侧面与节段梁端面对齐;

(2)墩顶块隔墙两端各 220mm 厚改为预制,形成完整壳体结构,兼作二次浇筑端模板及体外预应力管道定位结构。

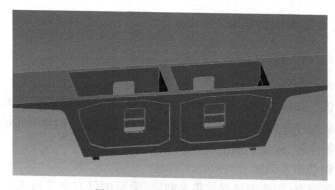

图 2-7　墩顶块优化方案概念设计

经分析计算,如图2-8所示,优化后墩顶块最大主拉应力为1.87MPa,最大竖向变形为0.7mm,比优化前大幅度减小,变形量满足节段梁拼装匹配精度要求。

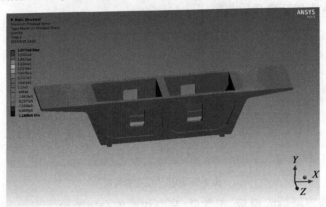

a) 应力(单位:Pa)

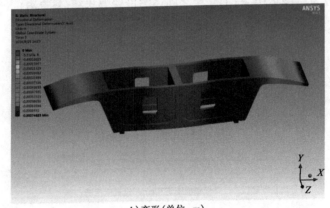

b) 变形(单位:m)

图2-8 墩顶块应力及变形有限元计算

#### 2.2.1.3 优化效果分析

墩顶块通过设计优化,取消调位横梁、反拉梁等临时结构。大幅提高体外预应力管道定位精度;二次浇筑模板安拆简化,墩顶块的安装措施减少,墩顶高空施工的安全风险降低,有效提高了墩顶块的安装定位精度,提高了后续节段梁的拼装精度。

### 2.2.2 标准节段梁设计优化

#### 2.2.2.1 拟解决的关键问题

1) 标准节段梁构造问题

标准节段梁腹板与底板交会的外圆倒角、内腔上倒角、边腹板斜向剪力键、3.3m和3.6m梁段顶板齿块与腹板间存在的梯形小沟槽,这些部位加大了模板制作安装的难度,提高了拆除时对永久结构损伤的风险,降低了施工效率。

2) 标准节段梁钢筋布置问题

节段梁原设计图纸中,钢筋图纸存在很多问题,图纸中仅有钢筋通用构造图,且钢筋尺寸采用公式形式不利于指导施工。另外,很多钢筋无法加工或与预应力孔道冲突,图纸中未给出具体的移动调整方案,这给现场施工和质量检验带来了很大的困难。

3)标准节段梁预应力布置问题

(1)预应力孔道尺寸

腹板束和边跨底板合龙束钢束为21根,设计采用φ100mm塑料波纹管,富余量很小,穿束和压浆施工困难,存在较大质量风险。

(2)横向预应力锚固形式

横向预应力固定端设计为BP15-3和BM15-3锚具,节段梁预制时需提前安装钢绞线,存梁期间钢绞线易发生锈蚀。

#### 2.2.2.2 优化方案

1)标准节段梁构造设计优化

(1)腹板与底板交会处R100mm圆弧倒角的设计优化

将R10cm的圆倒角(图2-9)改为20cm×20cm的直倒角(图2-10),这样既方便快捷的安装模板,又很好保证梁的外观质量。

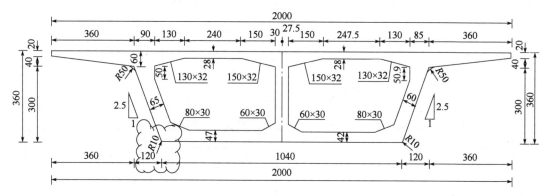

图2-9 原设计圆弧倒角形式(尺寸单位:cm)

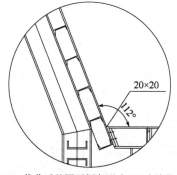

图2-10 优化后的圆弧倒角形式(尺寸单位:cm)

(2)内腔上倒角尺寸优化

1/2中跨立面示意,如图2-11所示。

如图2-12所示,原设计上倒角尺寸不断变化,从50cm—50.9cm—51.9cm—52.9cm—53.8cm,每次变化10cm左右,很难通过装拆变化块实现。

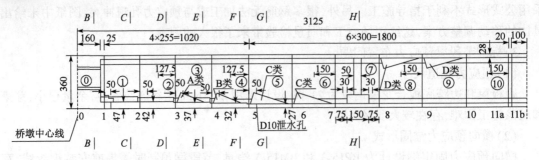

图 2-11  1/2 中跨立面示意(尺寸单位:cm)

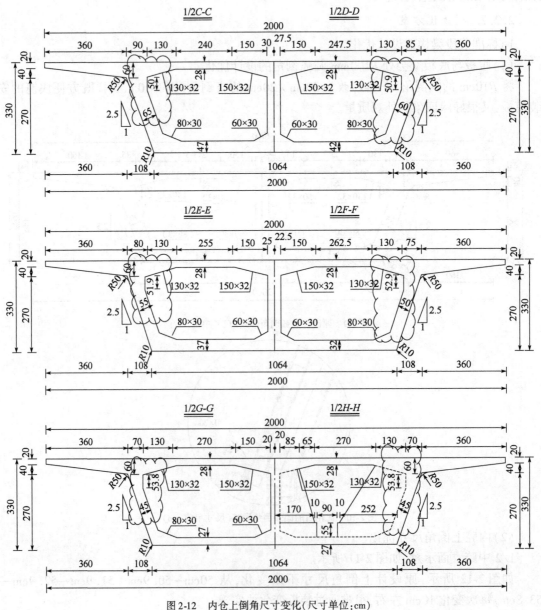

图 2-12  内仓上倒角尺寸变化(尺寸单位:cm)

优化设计:将上倒角尺寸统一为53.8cm,倒角处面积均略微增大,最大为$1.4 \times 51.9 = 72.6(cm^2)$,局部应力略微减小,对预应力和整个断面受力影响微小。

(3)边腹板剪力键优化

原设计边腹板剪力键与腹板垂直,拆模时剪力键容易破损。部分剪力键与预应力孔道位置冲突(图2-13),预应力管道定位堵头和O形密封圈安装困难。

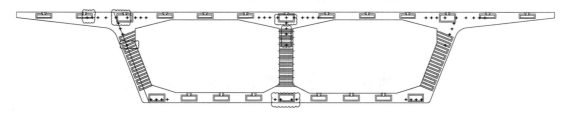

图2-13 部分剪力键与预应力孔干涉

优化设计方案:边腹板剪力键改为水平设置,取消与预应力孔道冲突的剪力键。

(4)62.5m、55m边跨湿接缝设置问题

62.5m、55m两种跨径的边墩墩顶块处原设计未设置湿接缝,导致边跨墩顶节段梁与相邻节段梁匹配预制模板工艺复杂、拼装线形调整难度大,经设计优化在62.5m/55m边跨墩顶增设一道湿接缝。

(5)梁高3.3m和3.6m节段梁顶齿块优化

如图2-14和图2-15所示,将梁高3.3m和3.6m节段梁顶齿块由与腹板/中隔板分离设置,改为与腹板/中隔板整体设置,以利于内模板(简称内模)安拆。

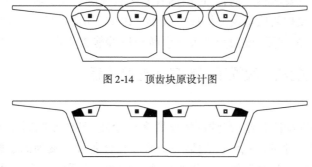

图2-14 顶齿块原设计图

图2-15 优化后顶齿块示意图(阴影部分为增加)

2)标准节段梁钢筋设计优化

(1)对每一类(块)梁(不同构造尺寸)的钢筋进行单独计算复核并制图。

(2)考虑预应力孔道位置,并给出具体的调整尺寸和措施。

3)标准节段梁预应力设计优化

(1)预应力孔道尺寸优化

跨径62.5m的腹板束和边跨底板合龙束钢束为21根,设计采用$\phi$100mm塑料波纹管,经设计优化变更为$\phi$120mm波纹管,保证了施工质量和进度。

(2)横向预应力锚固形式优化

设计优化后横向预应力两端锚固形式相同,均采用BM15-3锚具。在节段梁拼装后进行

横向预应力下料、穿束、张拉压浆施工,有效避免存梁期间钢绞线锈蚀的问题。

#### 2.2.2.3 优化效果分析

对腹板与底板交会处圆弧倒角、内腔上倒角尺寸、边腹板剪力键以及梁高 3.3m 和 3.6m 节段梁顶齿块的优化,简化了模板的制作加工,加快了模板的安装拆除速度,降低了整体的施工难度,提高工效,同时模板拆除时对结构混凝土的损伤风险大幅降低。

钢筋优化后,使钢筋设计图易懂,加工方便快捷,尺寸误差减少,保护层质量提高,结构的耐久性得以保证。

## 2.3 短线匹配法节段梁预制施工几何线形测控技术

节段梁预制工作是桥梁从设计阶段到安装阶段承上启下的关键环节,是保证桥梁线形、结构、强度达到设计值的重要步骤,节段梁的预制线形将影响拼装施工质量,必须予以重点关注。为攻克南沙大桥引桥节段梁施工中遇到的实际问题以保证工程进度与质量安全,采用了一系列关键技术来有效应对节段梁预制线形控制难点。

由于南沙大桥引桥节段梁采用化整为零、集零为整的短线匹配法施工,节段梁成桥线形对各节段梁匹配精度高度敏感,对相邻节段梁的定位匹配精度提出了较高的要求,尤其是在预制阶段需充分考虑桥梁成桥状态的平面曲线和竖曲线的变化时,须对每一榀预制节段梁的几何尺寸进行精准定位和修正。此外,南沙大桥节段梁预制施工中,预制线形偏差控制主要涉及三个方面:一是模板安装精度控制,二是匹配梁定位精度控制,三是混凝土浇筑过程中模板变形与变位控制。多种控制要求相互耦合,控制内容繁多且控制精度要求高,对预制线形的精度把控程度将极大影响架设拼装质量及最终成桥线形。因此,如何有效控制预制节段梁的几何线形,从而满足拼装精度的需要,成为南沙大桥引桥节段梁能否实现设计成桥线形的关键问题。

### 2.3.1 短线匹配法节段梁预制施工工艺及流程

1)预制工艺简介

节段梁采用短线匹配法预制,在预制场设置多个台座,各台座同时作业,梁段在可移动的定型模板内浇筑。浇筑时,除每个"T"的第一个节段和合龙段一端为固定端模、一端为活动端模外,待浇梁段一端设固定端模,另一端则为已浇好的前一梁段,当后一梁段浇筑完成并初步养护后,前一节段即运走存放,而把新浇梁段转移到其位置上,如此周而复始。

2)预制施工的总体操作程序

节段梁预制工序列于表2-3,总体操作程序如下:

(1)立模、吊装钢筋骨架、浇筑墩顶 $T_0$ 节段梁。

(2)拆除 $T_0$ 节段梁模板(侧模及内模),将 $T_0$ 节段梁移出作匹配梁并编号、调位,立模、吊装钢筋骨架、浇筑下一节段梁(以下称 $T_1$ 节段梁)混凝土。

(3)拆除 $T_1$ 节段梁模板,将 0 号节段梁与 $T_1$ 节段梁分离,编号。

(4)将 $T_0$ 节段梁移出至适当的位置进行养护,满足要求后临时储存(待 $T_0$ 节段梁作匹配梁时再调用)。

(5)将 $T_1$ 节段梁移至匹配梁段位置并精确调整其位置,安装调整 $T_2$ 梁的模板系统及钢筋骨架,浇筑节段混凝土。

(6)按标准节段梁预制的程序完成半个"T"的悬臂节段梁的预制。

(7)将 $T_0$ 节段梁起吊转向,并移至另一台座匹配梁的位置,使其另一端作匹配面,调整其三维空间位置,立模、吊装钢筋骨架、浇筑下一节段梁(以下称 $T_1'$ 节段梁)混凝土。

(8)拆除 $T_1'$ 节段梁模板,将 $T_0$ 节段梁与 $T_1'$ 节段梁分离,$T_0$ 节段运走堆存,$T_1'$ 节段梁编号。

(9)将 $T_1'$ 节段梁移至匹配梁段位置并精确调整其位置,安装调整 $T_2'$ 梁的模板系统及钢筋骨架,浇筑节段混凝土。

(10)按标准节段预制的程序,完成另半个"T"悬臂节段梁的预制。

节段梁预制工序　　　　　　　　　　表2-3

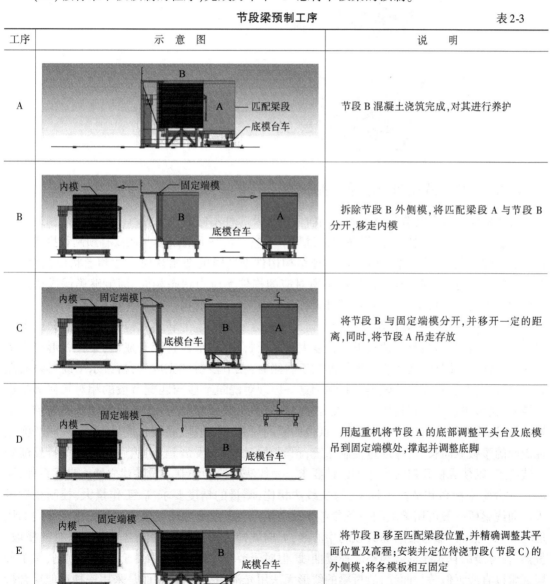

| 工序 | 示意图 | 说明 |
|---|---|---|
| A | | 节段B混凝土浇筑完成,对其进行养护 |
| B | | 拆除节段B外侧模,将匹配梁段A与节段B分开,移走内模 |
| C | | 将节段B与固定端模分开,并移开一定的距离,同时,将节段A吊走存放 |
| D | | 用起重机将节段A的底部调整平头台及底模吊到固定端模处,撑起并调整底脚 |
| E | | 将节段B移至匹配梁段位置,并精确调整其平面位置及高程;安装并定位待浇节段(节段C)的外侧模;将各模板相互固定 |

续上表

| 工序 | 示 意 图 | 说 明 |
|---|---|---|
| F | 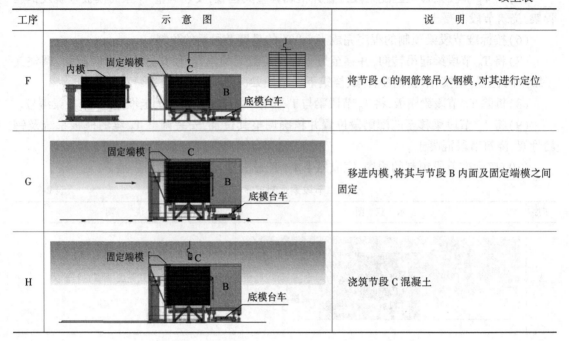 | 将节段C的钢筋笼吊入钢模,对其进行定位 |
| G | | 移进内模,将其与节段B内面及固定端模之间固定 |
| H | | 浇筑节段C混凝土 |

## 2.3.2 短线匹配法节段梁预制原理

拼装桥梁结构在制造及施工的不同阶段将涉及3种不同的线形:设计成桥线形、制造线形以及拼装线形。制造线形是主梁在制造过程中零应力状态下的线形。在没有预制和拼装阶段施工误差的情况下,从理论上讲只需保证结构构件安装时的初始几何尺寸和形状(也称为构件的无应力状态)与成桥理想目标状态所对应的构件无应力状态相同,即能够确保成桥阶段结构的内力与变形状态达到理想的目标状态。

梁段预制过程中主要是利用节段几何尺寸的改变所产生的转角效应,以达到竖向或水平线形调整的目的,即当节段顶板纵向长度大于底板长度,在节段拼装完成后,梁体线形将向上弯曲,反之向下;同理,当节段左侧长度大于右侧时,在节段拼装完成后,桥梁水平线形将向左弯曲,反之向右。短线法节段梁预制利用这一原理对浇筑节段与匹配节段的相对几何形状进行控制,在节段啮合预制初始,施工人员在浇筑节段上设置观测点,在节段预制及吊装前。定期量测、记录并统计节段顶、底板监控点位的断面尺寸,控制顶、底板长度,测量左右两断面监控点间的腹板纵向长度,并通过控制系统,预测拼装线形的发展趋势,然后再将此资料反馈到拼装施工,以使成桥几何线形达到设计要求。短线法节段梁预制测量除建立绝对坐标系外,还需建立台座坐标系和节段坐标系,与长线法相比,测量的精度要求高、工作量大、控制相对困难。曲线梁桥一般可用梁上的一条参考线及在该条参考线上的横坡来描述其三维空间内的线形与姿态。通常,参考线取为梁顶的中心线,横坡即为对应于参考线之上截面顶缘的横坡。虽然,参考线的真实线形应为空间连续曲线,但对于节段式桥梁,为了便于节段梁预制,每个节段通常以直线近似替代曲线,故桥梁的线形无法用光滑曲线来表示,而是采用一种近似组合折线来表示。

考虑到节段梁预制时,通常取节段顶面中心线的长度作为预制长度,因此各节段顶面中心线组成的折线将形成梁体的线形;同时,节段之间接缝顶缘横线的坡度反映了桥梁的桥面横坡与节段姿态。于是,节段式曲线梁桥的线形与姿态可用图 2-16 表示。

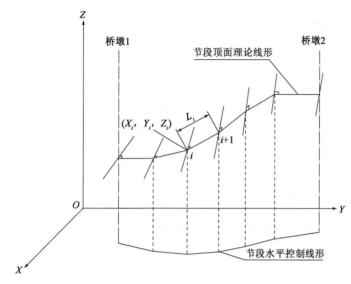

图 2-16　空间整体坐标系内节段式曲线桥梁的线形与姿态

将图 2-16 中所述的折线段投影至平面内。如图 2-17 所示,投影产生的折线段用来拟合平曲线,平曲线节段预制时,根据拟合的平曲线中各线段间夹角,将节段从浇筑位置移动到匹配位置上,在相应水平面内转动角度 $\alpha$,以形成需要的折角。新浇节段的端模位置不动并使其与节段轴线垂直,而新浇节段的匹配端面采用斜面,以便于钢筋骨架制作、剪力键设置和节段外形调整。通过埋在腹板顶面上的 4 个高程螺栓和埋于顶板中线上的两个倒 U 形水平定位钢筋,进行节段线形测量和定位检验。

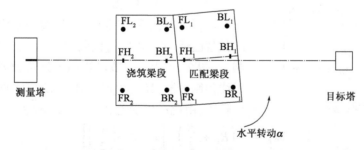

图 2-17　平曲线节段梁预制定位

将图 2-16 中所述的折线段投影至立面内,投影产生的折线段用来拟合竖曲线。竖曲线节段预制时,根据拟合的竖曲线中各线段间夹角,将匹配节段在相应位置先做高程调整,再于立面内竖向转动角度 $\beta$,以形成需要的折角,具体如图 2-18 所示。

在预制过程中,基于几何、预制及安装数据库搭建短线匹配节段梁预制拼装控制系统,通过精确控制结构构件无应力构型,对每一预制节段的精度进行判断和修正,各节段误差不产生积累,使预制梁段的预制精度很高,实现精确控制引桥线形的目标,确保拼装成桥后结构线形满足设计要求。在预制施工中,当实际线形与理论线形出现偏差时,通过误差分析和预测,可对后续拼装节段的相对定位高程和几何尺寸进行调整,以保证整桥线形平顺,达到设计要求。

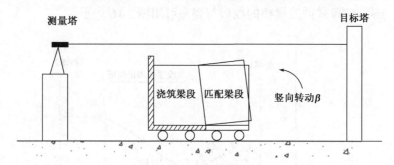

图 2-18  竖曲线节段梁预制定位

注:匹配梁段处竖向转动 $\beta$ 角

### 2.3.3 节段梁预制误差分析

从短线预制的基本原理来看,短线预制是一种浇筑混凝土构件的方法。构件的成形尺寸与设计尺寸间的偏差称为预制误差。

1) 引起误差的原因

(1) 计算理论误差

现有理论和方法计算得出的节段梁无应力状态下的几何尺寸与理论值之间存在偏差。此类误差与现有计算理论和方法模拟桥梁实际受力状况的精确程度有关。

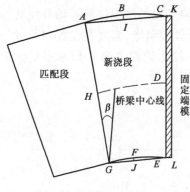

图 2-19  节段梁误差分析

(2) 基础与支架模板变形误差

预制台座基础变形、支架模板变形引起的误差。通过地基处理、采用刚度大的基础形式、增强支架模板的刚度等措施,可有效减小该类误差。

(3) "以直代曲"误差

当桥梁存在平、竖曲线时,短线预制中通常采用以折线代替曲线(也称"以直代曲")的办法,实现节段梁的预制,如图 2-19 所示。节段梁的设计轮廓为 $ABCDEFGHA$,短线预制节段梁时,用梯形 $AICDEJGHA$ 近似节段梁的设计轮廓,由此产生误差 $\Delta_1 = \overline{BI}, \Delta_2 = \overline{FJ}$。

$$\Delta x_1 = -\left(R_x + \frac{B}{2}\right) \cdot \left[1 - \cos\left(\frac{\alpha_x}{2}\right)\right] \tag{2-1}$$

$$\Delta x_2 = \left(R_x - \frac{B}{2}\right) \cdot \left[1 - \cos\left(\frac{\alpha_x}{2}\right)\right] \tag{2-2}$$

$$\alpha_x = \frac{L}{R_x} \tag{2-3}$$

$$\Delta z_1 = -\left(R_z + \frac{H}{2}\right) \cdot \left[1 - \cos\left(\frac{\alpha_z}{2}\right)\right] \tag{2-4}$$

$$\Delta z_2 = \left(R_z - \frac{H}{2}\right) \cdot \left[1 - \cos\left(\frac{\alpha_z}{2}\right)\right] \tag{2-5}$$

$$\alpha_z = \frac{L}{R_z} \tag{2-6}$$

上式中：$\Delta x$——水平面内误差；

$\Delta z$——竖直面内误差；

$R_x$——桥梁中心线平曲线半径；

$R_z$——桥梁中心线竖曲线半径；

$B$——节段梁宽度；

$H$——节段梁高度；

$L$——节段梁中心线长度，即 $DH$；

$\alpha_x$——节段梁对应的中心角，即 $DH$ 对应的平曲线中心角；

$\alpha_z$——节段梁对应的中心角，即 $DH$ 对应的竖曲线中心角。

用以上公式分析南沙大桥节段预制以直代曲误差，计算结果列于表2-4、表2-5中。以直代曲所产生的节段梁外形轮廓与设计轮廓相差在 ±1mm 以内。节段梁预制质量标准见表2-6。

南沙大桥节段梁预制以直代曲水平面内误差分析    表2-4

| 桥 名 | 平曲线半径最小值(m) | 节段梁长度最大值(m) | 节段梁宽度(m) | $\Delta X_1$(mm) | $\Delta X_2$(mm) |
|---|---|---|---|---|---|
| 东主线桥 | 5500 | 3.5 | 20 | −0.28 | 0.28 |
| 西引桥 | 5500 | 3.0 | 20 | −0.20 | 0.20 |
| 中引桥 | 2000 | 3.0 | 20 | −0.57 | 0.56 |
| 海鸥岛互通立交主线桥 | 2000 | 3.5 | 20 | −0.77 | 0.76 |
| 东引桥 | ∞ | 3.5 | 20 | 0 | 0 |

南沙大桥节段梁预制以直代曲竖直面内误差分析    表2-5

| 桥 名 | 竖曲线半径最小值(m) | 节段梁长度最大值(m) | 节段梁高度(m) | $\Delta Z_1$(mm) | $\Delta Z_2$(mm) |
|---|---|---|---|---|---|
| 骝东互通立交主线桥 | ∞ | 3.5 | 2.7 | 0 | 0 |
| 西引桥 | ∞ | 3.0 | 3.6 | 0 | 0 |
| 中引桥 | ∞ | 3.0 | 3.6 | 0 | 0 |
| 海鸥岛互通立交主线桥 | 25000 | 3.5 | 3.3 | −0.06 | 0.06 |
| 东引桥 | ∞ | 3.5 | 3.3 | 0 | 0 |

节段梁预制质量标准    表2-6

| 项　目 | 允许偏差(mm) |
|---|---|
| 长度 | 0 / −2 |
| 端面尺寸(宽度) | +5 / 0 |
| 端面尺寸(高度) | +5 / −5 |

### (4)测量放样误差

匹配梁几何位置偏差引起模板位置偏差,进而引起节段梁成形尺寸偏差。因匹配梁端面相对于固定端模的位置与理论位置存在偏差,导致新浇梁轮廓尺寸偏差。此类误差与测量方法和精度有关。完成一片节段梁的预制,全程需测量3次。短线预制中,目前常用的测量方法有测量塔和卷尺测量两种。南沙大桥节段梁预制场采用卷尺测量法和精密水准仪测量法。

如图2-20所示,卷尺测量法测点布设在匹配梁顶面和固定端模顶面,共6个测点,即A、B、E、F、I、J。预制现场测点埋设见图2-21,采用精密水准仪测量各测点高程。

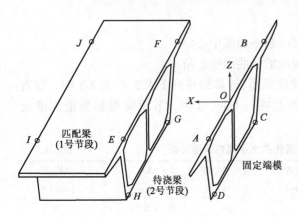

图2-20 南沙大桥短线预制示意图

图2-21 预制现场测点埋设

卷尺测量采用钢卷尺测量测点,采用精密水准仪测量各测点高程。

①钢卷尺放样误差分析。

新浇节段梁的长度及水平面内转角通过钢卷尺测量放样。测量参数为$A$、$B$、$E$、$F$之间的距离:$AB$、$AE$、$AF$、$BE$、$BF$、$EF$,由此确定匹配梁端面$EFGH$在水平面内的位置$DH$与$\beta_z$。放样误差为钢卷尺测量精度,即±0.5mm。

②水准仪放样误差分析。

新浇节段梁的梁高及竖直面内转角通过水准仪测量放样。测量参数为各测点高程:$Z_A$、$Z_B$、$Z_E$、$Z_F$、$Z_I$、$Z_J$,由此确定匹配梁端面在竖直面内的位置$ZH$与转角$\beta_y$。水准测量引起的新浇梁底板处的偏差最大,为水准仪测量精度的$H/L$倍。其中,$H$为节段梁高度;$L$为节段梁中心线长度。

施工中使用测量精度为±0.7mm的水准仪。计算节段梁预制中的水准仪放样误差,将结果列于表2-7中。

南沙大桥节段梁预制水准仪放样误差　　　　表2-7

| 桥　　名 | 节段梁长度最小值(m) | 节段梁高度(m) | 误差(mm) |
|---|---|---|---|
| 骝东互通立交主线桥 | 2.475 | 2.7 | ±0.76 |
| 西引桥 | 2.55 | 3.6 | ±0.99 |
| 中引桥 | 2.55 | 3.6 | ±0.99 |
| 海鸥岛互通立交主线桥 | 2.475 | 3.3 | ±0.93 |
| 东引桥 | 2.475 | 3.3 | ±0.93 |

(5)温度误差

混凝土脱模温度与理论计算节段梁几何尺寸时使用的温度值不一致,引起节段梁尺寸偏差。温度误差计算结果列于表 2-8。

南沙大桥节段梁预制温度误差　　　　　表 2-8

| 桥　　名 | 节段梁长度最大值（m） | 最长节段梁对应误差（mm） | 节段梁长度最小值（m） | 最短节段梁对应误差（mm） |
| --- | --- | --- | --- | --- |
| 骝东互通立交主线桥 | 3.5 | ±0.35 | 2.475 | ±0.25 |
| 西引桥 | 3 | ±0.30 | 2.55 | ±0.26 |
| 中引桥 | 3 | ±0.30 | 2.55 | ±0.26 |
| 海鸥岛互通立交主线桥 | 3.5 | ±0.35 | 2.475 | ±0.25 |
| 东引桥 | 3.5 | ±0.35 | 2.475 | ±0.25 |

2)误差控制措施

(1)通过增强混凝土性能的匀质性,跟踪测试各片节段梁混凝土的力学性能,尽量缩小混凝土截面的尺寸偏差,采用更加精确的力学模型等措施,可有效减小因计算理论和方法引起的节段梁预制尺寸误差。

(2)通过对预制台座进行地基处理、采用刚度大的基础形式、增强支架模板的刚度等措施,可有效减小节段梁的预制误差。

(3)以直代曲所产生的节段梁外形轮廓与设计轮廓相差在 ±1mm 以内,通过适当增大节段梁预制尺寸(宽度、高度),可以满足规范对预制节段梁外形尺寸的要求(表 2-6),而且该类误差不会累积传播。

(4)将测量放样误差与温度误差相加,得到短线预制节段梁的长度误差最大值为 ±1.74mm。《预应力混凝土桥梁预制节段逐跨拼装施工技术规程》(CJJ/T 111—2006)规定节段梁预制长度允许偏差为 -2~0mm。采用钢卷尺测量放样引起的节段梁长度偏差比规范值稍大,通过加强现场管理,严格测量放样,节段梁预制长度偏差可以满足规范要求。

综合上述,对以直代曲误差、测量放样误差、温度误差的分析,可以看出短线预制中采用钢卷尺测量放样匹配梁的方法基本满足工程精度要求。并且在预制过程中,通过调整下一节段梁的放样位置,预制误差得到消减,不会累积传播。

## 2.3.4 节段梁预制线形及几何尺寸的控制

根据设计要求和施工方案,按正装迭代法计算得到主梁各节段无应力状态下的预制线形,为节段梁预制提供每个节段的控制参数。由于采用短线法预制,相邻节段的定位应满足高精度要求,所以对预制模板及台座的要求较高。在预制过程中,施工控制系统会对每一预制节段的精度进行判断和修正,各节段误差不产生积累,使预制梁段的预制精度很高。在预制施工中,当实际线形与理论线形出现偏差时,通过误差分析和预测,可对后续拼装节段的相对定位高程和几何尺寸进行调整,以保证整桥线形平顺,达到设计要求。

节段梁预制线形控制的主要措施:测量塔建立、固定端模安装控制、箱梁预制相对坐标系的建立箱梁数据的采集与匹配段放样、存梁台座和测量塔变形观测等。

1）测量塔的建立

测量塔两个为一组,横向分布于两生产线相应预制台座两侧。两测量塔控制点间连线与其所控制的预制台座待浇梁段的中轴线相重合。测量时,以一个塔作为测量塔,另一塔作为目标塔。

测量塔塔身采用钢管桩,入土深度满足使用过程中节段梁预制线形控制对测量塔的沉降

图2-22　南沙大桥测量塔

要求,顶面高度要求超过箱梁预制顶面高度1～2m。为防止在阳光照射作用下塔身阴阳面存在温差而产生变形,测量塔塔身钢管桩用土工布双层包裹,桩内浇筑混凝土填芯,以增加塔身刚度。在塔身顶部安装强制对中盘,测量塔与操作平台中间留一定的间隙,为了不相互接触,以免人员行走时,影响测量精度。为了能在一般的风雨天气下进行测量作业,除在塔身四周设观察窗以外,其余均设为封闭式。

所有测量塔(图2-22)身四周均刷防锈漆,并距离厂内运输道路2～3m,并挂上醒目标志,以防止意外撞击和行车对塔身精度的影响。

2）固定端模安装控制

为满足预制后箱梁的线形,固定端模安装精度要求最高,安装时用全站仪和精密水准仪反复测量、复核固定端模各控制点(图2-23)的坐标和高程,达到以下几点要求:

(1)端模与两测量塔的连线成90°,端模的中点必须与两测量塔的连线相重合,且在竖向保持垂直;

(2)端模上翼缘两腹板位置设高程控制点调整水平度,使整个固定端模处于水平位置,高差不超过2mm;

(3)端模支撑必须牢固,模板自身具有足够的刚度。

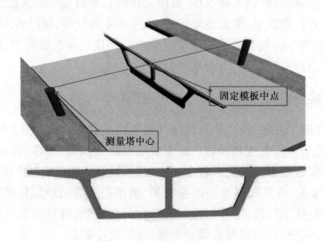

图2-23　端模测点示意图

3) 箱梁预制相对坐标系的建立

将成桥每节段的绝对坐标转换为在梁场的以测量塔为基点每节段的相对坐标,同时结合线形监控指令预制节段梁。

如图 2-24 所示,以两测量塔的连线为 $X$ 轴,垂直于两测量塔连线为 $Y$ 轴,以固定端模的中点为坐标原点 $(0,0)$,$X$ 值往匹配段方向为正。

4) 箱梁数据的采集与匹配段放样

(1) 测量仪器

短线法预制采用相对坐标,所以只要在一个台座上采集的数据是同一种精度的仪器,都能满足精度要求。

节段梁预制采用精度指标为测角 $2'$,测距 $2mm + 2D \times 10^{-6}$($D$ 为测量距离)的全站仪;高程测量采用电子水准仪。

(2) 数据采集

由于采用短线匹配法预制箱梁,预制一块箱梁的前后需要采集几十个数据,所以对于测量人员来说工作量很大,并且还必须保证每个数据准确无误,因此除了配置高精度的仪器外,还要求定人定岗,每次观测由两个人独立完成,每个数据正倒镜观测取其平均值,并且两人测量同一点数据的差值不能超过 $2mm$。

(3) 0 号箱梁预制

如图 2-25 所示,0 号箱梁设计为矩形,宽度为 $3.7m$,在 1 号测量塔设站,后视 2 号测量塔,调整移动端模的中心点,使其与固定端模的中心点位于同一条直线上。拉钢尺使 $SL = SR = 3.7m$,调整移动端模上的高程控制点使其与固定端模上的高程控制点一样高。反复调整检查,直到满足设计要求为止。在 0 号浇筑过程中,在其上面预埋 6 个控制点(1、2、3、4、5、6)作为下一节段梁匹配的起始数据和为箱梁安装提供三维坐标。当混凝土达到强度以后,观测固定端模、移动端模及所有点的三维坐标。0 号箱梁测点布置效果如图 2-26 所示。

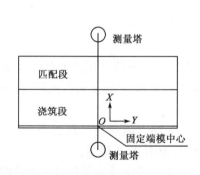

图 2-24 相对坐标系

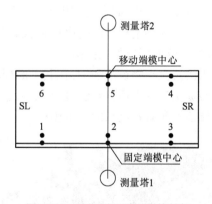

图 2-25 0 号节段梁预制测量控制点

(4) 匹配段的放样

匹配段的放样是施工重点及难点,结合本项目施工实际,给出以下放样过程:将 0 号箱梁以及固定端模、移动端模所有点的三维坐标输入监控程序中,计算出匹配段(0 号)的三维坐标(1、2、3、4、5、6);再根据此数据来调整匹配段的位置,如图 2-27 所示。

图 2-26　0 号箱梁测点布置效果图

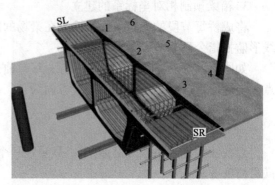
图 2-27　0 号箱梁匹配 1 号箱梁

根据匹配段的坐标计算出浇筑段长度（SL、SR），然后指挥现场操作人员移动 0 号箱梁，使其满足设计要求。

匹配段高程的调整，以固定端模的高程为基准点，来调整匹配段高程控制点（1、3、4、6），指挥现场操作人员通过底模台车上的 4 个竖向千斤顶完成匹配梁的高程调整。

匹配段轴线的调整。先在 1 号测量塔设站，后视 2 号测量塔，根据软件计算出箱梁轴线控制点（2、5）的坐标到测量塔轴线的距离，在两轴线点上放置小卷尺，仪器直接读取读数，然后指挥现场操作人员移动箱梁，检查 SL、SR 的距离，如果距离超过设计 2mm，重新移动 0 号块使其正确定位，反复调整高程、轴线、距离直到满足要求为止。匹配梁位置调整好之后，将匹配梁底模下的 4 个螺旋支腿旋下，对称顶紧，同时由专人测量匹配梁与固定端模间的距离，保证顶紧支腿过程中匹配梁位置不发生变化；对匹配梁段再次测量，并将数据输入监控程序，精度达到要求并通过误差校核无误后合龙侧模，如达不到要求，则顶升千斤顶重新定位。

合龙侧模前用槽钢将匹配梁与固定端模临时固定，确保合龙侧模过程中匹配梁位置不发生变化，侧模调整完成后通过测量匹配梁与固定端模间的距离校核匹配梁位置是否在合龙侧模过程中发生变化，如合龙侧模前后匹配梁位置变化过大（距离变化大于 2mm，轴线偏差大于 2mm），则通知测量校核匹配梁位置，如不满足要求则必须重新定位。经复核匹配梁位置正确后，及时将临时固定槽钢拆除。

当浇筑段在浇筑过程中，在其上面预埋 6 个控制点作为下一节段匹配的起始数据和为箱梁安装提供三维坐标，当浇筑段混凝土达到强度后、箱梁移动之前，必须采集匹配段、浇筑段及固定端模上所有控制点的三维坐标。

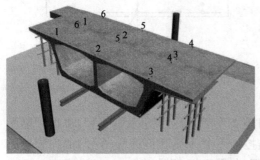
图 2-28　匹配段、浇筑段测点布置示意图

重复以上工序对随后的梁段进行浇筑，直到最后一个节段，如图 2-28 所示。

5）预制箱梁主要误差来源及减少误差的措施

预制箱梁的主要误差来自固定端模的偏差。由于固定端模竖直方向不垂直，端模的模面与测量塔所建的轴线不垂直，端模的上缘不平，模板自身由于被重复使用而导致变形，温度和日照对钢模引起局部温差而导致固定端模的变形，具体如下：

(1)固定端模竖直方向不垂直对箱梁的影响

由于固定端模一开始就固定好不允许有变动,预制每块箱梁时都需要用它作为侧模。因此,端模面竖直方向不垂直将直接导致所预制出来的每块箱梁在两侧的竖直方向不垂直,影响箱梁的外观,为以后的箱梁成形带来困难。

(2)端模的模面与测量塔所建的轴线不垂直对箱梁的影响

由短线匹配法预制箱梁的原理可知,测量塔所建的轴线实际上是箱梁每节段的大桥轴线,如端模的模面与轴线不垂直,这样预制出的线形已经被改变,并且每节段的箱梁左右幅的宽度也随之发生改变。

(3)端模上缘不平对箱梁的影响

由于桥面存在横坡和纵坡,因此在箱梁每节段预制都设置了4个高程控制点,这4个高程控制点都是由固定端模上的2个点控制,如果端模上缘不平,不仅将引起这4个高程控制点的改变,而且所预制箱梁的横坡和纵坡发生相对错位。

(4)温度和光线照射引起固定端模变形对箱梁的影响

固定端模是大型的钢结构,由于钢的导热性能好,受外界温度,光线照射的影响很大。当模板面局部温度升高或降低时,由于热胀冷缩,模板面将发生微小变形。经过多次观测发现,温度和光线照会对端模面产生1mm的变化,这样所预制的箱梁尺寸将发生改变。

综合以上因素,采取如下措施来控制固定端模,以减小对预制箱梁的误差:

①严格执行仪器年检制;
②做好预制场地的沉降观测;
③对固定端模的观测应利用每天的同一时间段进行;
④定期对测量塔进行变形观测;
⑤如发现固定端模偏差超限,就立即对其进行调整,以满足设计要求为准。

### 2.3.5 实施体会与常见问题对策

通过预制时测量塔建立、固定端模安装控制、箱梁数据的采集与匹配段放样、存梁台座和测量塔变形观测、监控数据的实时调整等技术措施,使节段梁满足安装的线形要求,成功减少了成桥后的线形偏差。

在采用短线匹配法进行节段梁预制施工时,难免碰到的常见问题及其应对措施如下:

1)钢筋加工常见问题及控制措施

(1)少数钢筋加工精度不高

节段梁钢筋加工过程中抽查时发现部分钢筋加工精度不高,由于数控弯曲机无法进行部分钢筋加工,现场采用手动弯曲机进行加工,部分钢筋弯曲角度与图纸角度不同,发现问题后现场采用在手动弯曲机平面上刻画角度,弯曲时进行对应确保弯曲角度。

(2)钢筋丝头加工质量差

节段梁钢筋加工时存在丝头长度不足、崩牙、端面打磨不平整的问题,现场生产时按照每榀梁为一个批次进行抽检,发现不合格产品时:如是操作问题及时要求现场整改;设备问题及时与厂家进行沟通,要求厂家调整剥肋刀片和滚丝轮,并进行试验,对滚制成型的钢筋直螺纹丝扣牙形、长度进行检测,合格后方可正式生产。

2) 钢筋安装常见问题及控制措施

(1) 墩顶块、齿块钢筋间距相对于其他部位合格率偏低

原设计当中墩顶块、齿块处钢筋较密集，且都存在预应力预留孔情况。墩顶块、齿块钢筋在安装时与预应力管道之间存在一定的冲突，为避免截断钢筋局部，一些钢筋需要进行位置的调整，以确保波纹管的线形和精度，因此墩顶块、齿块钢筋间距相对于其他部位合格率偏低。当发现问题后及时跟设计方沟通、变更确认，确保施工图纸的合规性。

(2) 墩顶块钢筋保护层相对于标准块，合格率偏低

墩顶块钢筋保护层合格率偏低部位主要是在边腹板外侧。由于混凝土浇筑过程中胀模，导致腹板钢筋往内侧偏移。虽然在内部增加了脚手管支架，但是效果不显著，最终采取在腹板箍筋内增加U形钢筋内衬，加强腹板整体钢筋刚度，并在模板上增加对拉螺杆，采用精轧螺纹杆进行双重加固，减少浇筑过程中的胀模。

(3) 钢筋与预应力管道局部位置冲突

根据设计图纸进行施工时，预应力管道位置存在局部位置与钢筋冲突，为保护预应力管道线形，最初现场采用切断补强进行规避此类问题，在与设计单位沟通后，现场采用异型钢筋进行避让。

3) 模板工程常见问题及控制措施

(1) 模板加工质量

南沙大桥预制厂模板加工过程中发现存在模板图纸尺寸偏差、加工尺寸偏差、焊缝质量不足、拼缝超出规范要求、模板之间拼装存在错台问题后，及时与设计方和生产厂家进行沟通，加强模板加工过程控制，最终通过定制模板验收表格和三方验收，有效解决问题，确保模板的加工质量。

(2) 模板清理不到位，节段梁外观质量差

节段梁模板清理不到位，表现为模板面板打磨不仔细、清洗不干净、拼缝混凝土残渣清理不完全、后续施工中二次污染。为更好控制节段梁外观质量，现场模板清理完成后进行三方验收。

(3) 模板安装缝过大，导致错台

节段梁模板安装拼缝大分布在内模变化块、顶板位置，表现为安装过程中模板安装不到位、模板加工偏差、模板间结合不完全、模板使用过程中变形，现场发现问题后记录并及时要求模板生产厂家进行维修，将存在问题模板进行修复，避免二次使用时存在相同问题。

4) 混凝土工程常见问题及控制措施

(1) 节段梁端面和腹板内侧气泡偏多

节段梁端面、腹板内侧气泡偏多，现场对各项控制过程中导致气泡多的问题进行分析，最终确定由于模板清理和振捣导致气泡偏多，未将模板打磨到位导致气泡依附在模板表面，难以排出。发现问题后加强模板打磨清理和加强现场振捣质量，对气泡出现较多部位进行二次振捣，减少了端面和腹板内侧的气泡。

(2) 拆模时，有缺边掉角现象

拆除节段梁模板时节段梁发生缺边掉角的现象，原因是节段梁在模板拆除时操作不当、工人对成品的保护意识不足、模板安装拼缝和端面剪力键安装不到位等问题造成模板在拆除时

成品破损。因此,对现场作业人员进行交底,增强成品保护意识,对现场模板进行维护,减少模板拼缝,确保混凝土的外观质量。

(3)混凝土养护不到位产生裂纹

节段梁在浇筑完成后养护不及时,未及时进行土工布覆盖和洒水,修整区养护不到位,导致节段梁表面产生裂纹。发现问题后加强现场管控,浇筑完成后及时安排人员进行土工布覆盖并洒水,确保修整区喷淋养护设备完好性。

(4)混凝土外观缺陷修饰质量差

节段梁外观缺陷修饰时存在色差、开裂、修补后脱落问题。采取措施:根据原混凝土外观颜色进行调整修补水泥配合比,确保外观色差;修补前将缺陷位置采用电风镐进行凿毛处理,确保修饰完成后不脱落;缺陷修补后,采用保鲜膜进行保护,确保修补后表面不开裂,从而保证混凝土外观缺陷修饰质量。

5)预留预埋常见问题及控制措施

(1)预应管道定位不准、管道变形

对于预应力管道定位,预制厂采用螺栓固定在端模面上,由于梁段类型较多,波纹管位置较多,端模面上开孔较多,导致在安装时出现错位情况;管道采用U形卡槽进行定位,内部采用充气胶囊作为波纹管的内衬,U形卡槽安装间距不足和内衬管偏少都会导致管道在混凝土浇筑过程中变形。后续施工时先将预应力管道安装位置采用油漆做好标记,避免安装误差,预应力管道定位时U形卡槽间距在直线段按照50cm布置,在曲线段按照25cm布置。

(2)湿接缝预埋件需要改进,预埋钢板难拆除

湿接缝预埋件主要用于梁段安装时定位使用,由于安装时高于混凝土面或与混凝土面齐平,后续施工时需进行拆除,埋件采用锚固形式导致湿接缝预埋件难拆除。今后施工时将湿接缝预埋件埋设深度进行调整,湿接缝表面低于梁段混凝土面1cm位置,避免后续施工时拆除问题。

(3)少数埋件预埋孔漏埋或错位

节段梁前期施工过程中未将图纸内所有预埋件预留位置进行制表形成清单,在预制过程中导致出现漏埋现象,预埋件错位主要是钢筋、预应力管道等冲突导致,后续施工时将图纸所有预留预埋进行制表,确定每榀梁段安装数量、位置。

## 2.4 节段梁墩顶块薄隔墙法施工技术

南沙大桥项目25~65m墩高的引桥箱梁设计为预制节段拼装。节段梁标准宽度20m,采用单箱双室斜腹板结构形式,悬臂长度3.6m,箱室宽5.4m,梁高3.6m,密齿型剪力键,环氧树脂涂接缝,墩顶块采用三向(桥梁纵向、面板横向、墩顶竖向)预应力体系混凝土结构。通过对预制节段梁墩顶块横隔墙传统施工工艺缺点分析,在实践中总结出节段梁墩顶块横隔墙施工新工艺——薄隔墙法,该方法改善墩顶块横隔墙外观质量,减少钢筋切断数量,提高墩顶块整体刚度,减少吊装变形,降低高空作业风险。

节段梁墩顶块采用现浇横隔墙与墩身固结。由于横隔墙钢筋与预应力管道布置较密,加之墩顶块竖向预应力管道、横隔墙模板安装及混凝土浇筑均在墩顶完成,若控制不到位,很容

易导致混凝土外观质量差、钢筋切断数量增加的问题,增加吊装过程中变形及安全风险。因此,在墩顶块的预制过程中,迫切需要解决的关键问题为,确保横隔墙的外观质量和墩顶块的整体刚度性能,以满足减小吊装变形及降低作业风险的需要。

### 2.4.1 传统墩顶块横隔墙工艺的局限性

传统墩顶块横隔墙的施工工艺流程为:①绑扎墩顶块钢筋骨架;②浇筑底板、腹板、顶板混凝土;③切断横隔墙上与体外束转向器预埋管位置冲突的钢筋;④安装体外预应力索转向器;⑤补强切割部位的钢筋;⑥安装和加固横隔墙模板和人孔模板,封堵周边缝隙;⑦节段梁吊至墩顶;⑧浇筑横隔墙混凝土;⑨横隔墙养护及拆模。

传统墩顶横隔墙工艺的局限性主要表现为:

(1)横隔墙整体现浇后外观质量差。为了便于横隔墙模板的安装和高空拆卸,模板加工尺寸需比横隔墙截面小,且需设置脱模角,边缘与已成形的混凝土之间存在较大缝隙,难于封堵,同时两片模板之间支撑、加固困难,浇筑混凝土时易出现胀模、错台、漏浆等弊病。

(2)被切断的横隔墙钢筋,难于补强。因体外束转向器数量多、且存在平弯和竖弯,布置形式接近于梅花形,导致大量的横隔墙钢筋需要被切断,即使在转向器安装完成后会采取钢筋补强,但还存在较多位置无法补强或补强的质量不满足受力要求,在体外预应力束张拉时,可能导致墩顶块结构的安全问题。

(3)吊装时因整体刚度不够产生变形。为便于墩顶预埋钢筋在安装时顺利深入墩顶块预制节段梁内,墩顶块在预制时内部和底板均被挖空,导致墩顶块预制箱梁自身刚度减小,存放和吊装过程易发生变形。

(4)横隔墙模板拆除时,需进行大模板的高空吊装作业,安全风险相对较高。

### 2.4.2 新型薄隔墙法施工技术

新型薄隔墙法的工艺流程为:①绑扎薄隔墙钢筋骨架;②在薄隔墙钢筋骨架上固定、架立体外预应力转向器预埋管;③安装薄隔墙外侧模板及内侧收口网模;④横隔墙预留钢筋穿过收口网模;⑤浇筑墩顶块顶板、底板、腹板及薄隔墙混凝土;⑥安装横隔墙上人孔模板;⑦节段梁吊至墩顶;⑧浇筑横隔墙混凝土;⑨横隔墙养护及拆模。

新型薄隔墙法具有以下技术优势:

(1)横隔墙内实外美。

采用薄隔墙法预制节段梁墩顶块横隔墙时,横隔墙钢筋均在专用型钢胎架上绑扎,胎架上设置有钢筋定位卡具,可对薄隔墙钢筋精确定位,有效保证钢筋间距。薄隔墙模板采用液压钢模,具有精度高、全液压、刚度大等特点。薄隔墙模板与墩顶块模板结合紧密,模板错台、拼缝、刚度均可满足规范要求,拆模后,横隔墙混凝土外观质量较好。薄隔墙法预制的墩顶块见图2-29。

(2)可减少横隔墙钢筋切断。

采用薄隔墙法预制节段梁墩顶块横隔墙时,体外预应力转向器预埋管在钢筋绑扎的同时,已进行了初定位。同时,借助于建筑信息模型(BIM)技术,对墩顶块进行碰撞模拟分析,提前避开冲突钢筋,可减少钢筋被切割的数量,与传统施工工艺相比,在体外束张拉时,结构安全性更高。

图 2-29　薄隔墙法预制的墩顶块

(3) 可增加墩顶块整体刚度,减少吊装时的变形。

由于墩顶块横隔墙设计为挖空式,特别是墩梁固结形式的节段梁,因其内部大量挖空,导致自身刚度小,在存放和吊装时,会发生变形甚至开裂。前后增加两道薄隔墙后,墩顶块的刚度将大幅提高,减少了存放和吊装时的变形。

(4) 可减少高空作业风险。

采用薄隔墙法预制节段梁墩顶块,已浇筑好的薄隔墙可以作为横隔墙的模板,省去了在高空拆除横隔墙模板、模板支撑系统及对拉杆等危险工作,仅需拆除人洞处的小模板,大量的高空作业转变为地面作业,降低了高空作业的安全风险,间接提高了经济效益。

### 2.4.3　实施体会及注意事项

预制节段梁横隔墙采用薄隔墙法施工,在南沙大桥工程中得到较好的应用,并取得了较好的社会效益和经济效益。应用实践表明,薄隔墙法改善了节段梁墩顶块横隔墙混凝土的外观质量、减少了横隔墙钢筋切断数量、提高了墩顶块的整体刚度、减少了箱梁吊装变形和高空作业风险,为后续其他使用节段梁的工程项目提供了新的思路和借鉴经验。

新型薄隔墙法在施工过程中需要注意以下事项:

(1) 确定合理的薄隔墙厚度。

薄隔墙法施工对薄隔墙厚度选取非常关键,当薄隔墙过厚时,会增加墩顶块自身重量,必然影响箱梁吊装设备型号的选择;当薄隔墙过薄时,由于薄隔墙钢筋属于横隔墙钢筋的一部分,会导致钢筋过密,混凝土振捣困难。同时,墩顶现浇横隔墙时,由于薄隔墙受到现浇混凝土的侧压力,厚度过薄可能会导致薄隔墙变形,甚至发生开裂。在施工前应通过 MIDAS 或 ANSYS 软件,对不同重量的墩顶块进行建模分析,确定合理的薄隔墙厚度,以免给施工带来困难。

(2) 钢筋下料及绑扎。

薄隔墙钢筋的下料长度应根据体外预应力管道的位置来确定,为保证钢筋下料长度的准确,在下料前应认真计算每根钢筋的下料长度,采用数控弯曲机精准下料及加工成型。钢筋应在专用台座上绑扎成型,薄隔墙钢筋为横隔墙最外面的两层钢筋,绑扎时应注意钢筋位置及两层之间的层距,若两层钢筋定位不准,可能造成横隔墙保护层偏小或偏大。由于体外索转向器主要架立在两道薄隔墙上,依靠薄隔墙钢筋的刚度来固定,若薄隔墙钢筋固定不牢,将影响体外索转向器的安装质量。

(3)预埋钢筋连接。

薄隔墙法施工时,由于薄隔墙内侧有大量预埋钢筋,若采用焊接工艺与横隔墙的其他钢筋连接,需要进行大量的钢筋焊接工作,且在高空作业质量不易保证。为了缩短钢筋焊接所占的时间,保证连接质量,预留预埋钢筋建议采用机械连接,在连接前对长丝采取机械连接套筒保护,对短丝采取塑料帽保护。

(4)收口网模安装及加固。

收口网模主要用在薄隔墙内模,其材质要好,在使用前应通过相关的试验检验,确保单层使用时质量的可靠性。安装时应注意搭接密实,避免因搭接不牢漏浆。收口网模安装完成后,采用直径16mm的钢筋对收口网模进行加固。加固钢筋网按15cm×15cm的间距布置,与主筋密贴,确保将收口网模夹紧。在浇筑混凝土前,还应仔细检查收口网模是否还有孔洞未封堵严实。

(5)混凝土浇筑与振捣。

因墩顶块钢筋布置较密,且体外、体内索管道多,薄隔墙空间小,要求混凝土流动性能要好,坍落度宜控制在180~210mm之间,扩展度≥475mm。墩顶块混凝土浇筑采用门式起重机吊装4m³料斗进行,振捣以插入式振捣为主,附着振捣器振捣为辅。振捣薄隔墙时,体外预应力管道锚后要加强振捣,避免漏振。振捣过程中,每个内仓要安排专人观察收口网模损坏情况,发现损坏及时修补,以免发生漏浆现象。

## 2.5　基于"物联网+BIM"的节段梁预制施工可视化管理

BIM技术是工业领域发展出来的新技术,是"互联网+工业"的具体体现。工业产品上增加网络软硬件模块,实现用户远程操控、数据自动采集分析等功能,极大改善了工业产品的使用体验。本节将物联网技术和云计算应用于短线法预制梁厂,进行基于BIM短线法预制节段梁产品全寿命周期物联管理平台研究。"物联网+BIM"在南沙大桥建养一体化综合管理平台中,打破了传统信息化管理系统的框架束缚。

在节段梁预制生产全过程中,传统的节段梁预制按照进度、成本、监控、质量等管理要求,分别形成各自的管理体系与系统,数据无法实时共享和流转,不利于生产流程中的施工决策。且传统基于二维数据库的管理系统交互性及表现力差,无法直观、身临其境地参与现场管控。短线法预制节段梁在生产过程中面临以下关键问题:

(1)如何准确掌握预制梁厂实时生产状态,追溯每片预制梁段的生产全过程痕迹及质检信息;

(2)如何实现对每榀梁段预制生产状态的实时把控,以及确保生产过程中梁段的各种施工资料的及时采集,以便后续的查找、利用和分析;

(3)如何实现在有限场地内对空间的合理利用和规划,高效实现对材料、机械台班和班组的管控;

(4)如何对预制构件的生产管理、厂区布置及台座生产组织管理(进度、质量管理、构件仓储及运输管理等)进行标准化管理、协同管理。

当前预制装配化已经成为一种趋势,预制构件可以大幅加快建设进度,同时质量也可以得到有效保证,符合"绿色环保"的理念。

基于物联网的溯源管理技术主要功能,包括预制构件的生产管理、厂区布置及台座生产情况管理、构件材料、进度、质量管理、构件仓储及运输管理,通过构件生产进度质量数据的集成,实现基于三维(3D)模型的混凝土预制构件动态生产进度、质量状况及人员情况查询。动态可视化管理极大提高预制厂的空间利用率、机械台班效率、人员班组的工作效率等;每个预制构件生产的过程中可以实现过程资料(材料试验、施工记录、检验报告单、评定表)的随时录入和存档,保证资料的及时性、真实性,实现预制构件的质量可追溯。

研究的重难点在于:

(1)如何通过物联网保证数据采集的真实性、及时性和完整性;

(2)如何利用物联网、BIM技术和云计算摆脱二维化的管理现状,实现预制梁厂基于三维可视化模型的动态化管理。

基于BIM短线法预制节段梁产品全寿命周期物联管理平台具体的技术路线如图2-30所示。

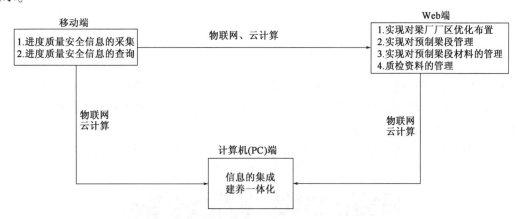

图2-30 预制节段梁产品全寿命周期物联管理平台技术路线

基于BIM短线法预制节段梁产品全寿命周期物联管理平台可以更好地对大规模预制节段梁科学化的管理,提高管理效率,严控梁段质量;结合BIM数字化协同管理平台设计了预制梁厂动态可视化管理系统,实现对梁厂的标准化、流程化、可视化、工厂化的管理;同时BIM数字化协同管理平台中预制梁段的信息也由预制梁厂进行采集和传递。借助BIM、云计算和二维码等技术,以预制节段梁为基本要素,实现节段梁生产、仓储、出厂、运输的全过程信息化管理,支持材料、质量验收等工程信息的集成和追溯,为预制梁厂的信息共享和协同工作提供平台,见图2-31。

1)移动端信息的采集

微信公众号结合物联网技术是梁厂数据采集的重要手段,微信公众号主要提供微信端基本数据服务功能,包含系统数据分析、概览及汇总,也提供梁段数据的扫码上传、质检材料的拍照上传等功能,分设3个主菜单,11个子菜单以及信息推送界面。

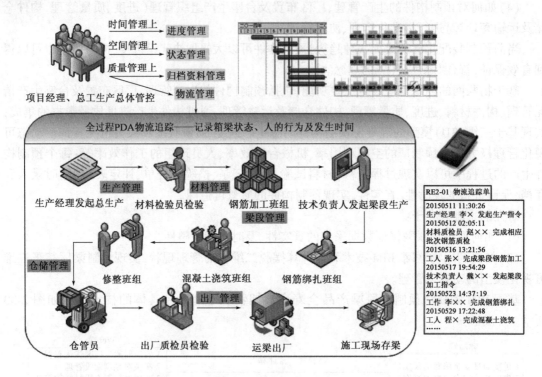

图 2-31　梁段的物流追踪

厂区概览,生产进度和网页端功能保持高度一致,是个缩小版的网页端,此处不再赘述,重点介绍梁段详情。梁段详情模块包括扫码梁段查询、上传状态信息和上传质检信息 3 个功能,点击相应菜单,分别进入相应界面。

点击扫码按钮,扫描梁段二维码,即可查看相应梁段的信息,如图 2-32 所示。可对该梁段的制造全过程进行溯源追踪,查看关联的质检信息(附件)等。

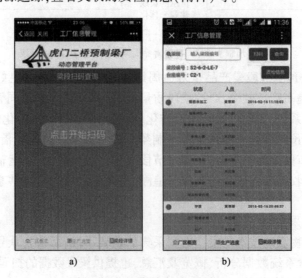

a)　　　　　　　　　b)

图 2-32　点击扫码查询梁段信息

录入梁段信息时,通过扫描二维码录入台座编号,或者直接选择台座;接着选择梁段的状态;最后点击提交录入梁段的当前状态(图 2-33)。

点击扫码按钮,扫描二维码,定位需要录入质检信息的梁段;然后通过拍照或者选择照片上传质检信息(图 2-34)。

a) b)

图 2-33 上传状态的页面　　　　图 2-34 上传质检信息

通过微信公众号扫码完成梁厂现场信息的采集,信息采集完成后,数据会及时进入端数据库,微信公共号和 BIM 数字化协同管理平台共用一套数据库。微信端采集的数据同步到微信公众号、网页端(Web 端)预制梁厂管理系统、BIM 数字化协同管理平台以及手机 App。移动端管理平台如图 2-35 所示。

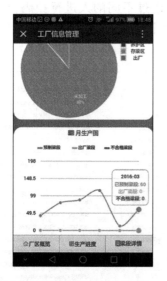
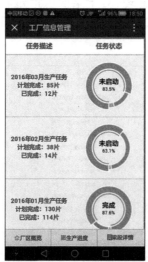

图 2-35 移动端管理平台

2) Web 端可视化管理

BIM 数字化协同管理平台实现了对预制梁段的信息化管理,具体体现在以下方面:

(1) 二维图纸化管理模式下,预制梁厂预制台座、钢筋绑扎区、存梁区等不能合理利用,在进行梁段吊装时寻找存梁区困难。利用预制梁厂动态可视化管理系统实现了预制台座、钢筋绑扎区、存梁区的可视化。以预制台座为例,可以看到每个预制台座的状态(图2-36),以及各台座正在进行的梁段预制,管理者可以据此做出更好的决策,合理使用预制台座,合理利用场地和设备。与预制台座类似,可以看到存梁区的使用状况和该存梁区存的榀梁,在梁段架设时大幅提高工作效率。

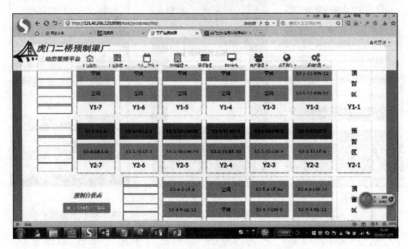

图2-36 预制台座状态

(2) 以前预制梁厂梁段的生产过程的每个环节都比较混乱,不能形成体系化生产,再则如果梁段出现质量问题也不能很快追究到人,这样使得整个管理比较松散。预制梁厂动态可视化管理系统实现预制梁段的追踪管理,对于梁段生产过程通过不同的人进行扫码,对质量各方面进行管控,使得整个生产过程标准化,实现流水化生产。预制梁段的追踪管理见图2-37。

| 编号 | 梁段位置 | 所属任务 | 状态 | 操作 |
|---|---|---|---|---|
| S3-7-18-LE-4 | 东引桥(左幅)第19号4#段段 | 2016年05月生产任务 | 存放 | [编辑状态][追踪Q][材料Q][添加q][查看q] |
| S3-7-20-R-0 | 东引桥(右幅)20#块 | 2016年05月生产任务 | 存放 | [编辑状态][追踪Q][材料Q][添加q][查看q] |
| S3-4-6-R-0 | 海鸥岛互通(右幅)60#块 | 2016年05月生产任务 | 成品检查合格 | [编辑状态][追踪Q][材料Q][添加q][查看q] |
| S3-7-19-R-0 | 东引桥(右幅)19#块 | 2016年05月生产任务 | 成品检查合格 | [编辑状态][追踪Q][材料Q][添加q][查看q] |
| S3-4-6-RE-1 | 海鸥岛互通(右幅)第7号1#段段 | 2016年05月生产任务 | 成品检查合格 | [编辑状态][追踪Q][材料Q][添加q][查看q] |
| S3-4-6-RE-2 | 海鸥岛互通(右幅)第7号2#段段 | 2016年05月生产任务 | 成品检查合格 | [编辑状态][追踪Q][材料Q][添加q][查看q] |
| S3-4-6-RE-3 | 海鸥岛互通(右幅)第7号3#段段 | 2016年05月生产任务 | 成品检查合格 | [编辑状态][追踪Q][材料Q][添加q][查看q] |
| S3-4-7-R-0 | 海鸥岛互通(右幅)70#块 | 2016年05月生产任务 | 成品检查合格 | [编辑状态][追踪Q][材料Q][添加q][查看q] |
| S3-6-2-LE-17 | 西引桥(左幅)317#段段 | 2016年05月生产任务 | 成品检查合格 | [编辑状态][追踪Q][材料Q][添加q][查看q] |
| S3-6-4-LW-21 | 西引桥(左幅)321#段段 | 2016年05月生产任务 | 成品检查合格 | [编辑状态][追踪Q][材料Q][添加q][查看q] |
| S3-4-1-RW-13 | 海鸥岛互通(右幅)013#段段 | 2016年05月生产任务 | 成品检查合格 | [编辑状态][追踪Q][材料Q][添加q][查看q] |
| S3-5-19-R-0 | 福东互通(右幅)19#块 | 2016年05月生产任务 | 成品检查合格 | [编辑状态][追踪Q][材料Q][添加q][查看q] |
| S3-4-6-RE-4 | 海鸥岛互通(右幅)第7号4#段段 | 2016年05月生产任务 | 钢筋未加工 | [编辑状态][追踪Q][材料Q][添加q][查看q] |
| S3-6-OA-LW-17 | 西引桥(左幅)17 | 2016年05月生产任务 | 钢筋未加工 | [编辑状态][追踪Q][材料Q][添加q][查看q] |
| S3-4-1-LW-13 | 海鸥岛互通(左幅)013#段段 | 2016年05月生产任务 | 钢筋未加工 | [编辑状态][追踪Q][材料Q][添加q][查看q] |
| S3-3-12-L-0 | 中引桥(左幅)120#块 | 2015年03月生产任务 | 存放 | [编辑状态][追踪Q][材料Q][添加q][查看q] |

图2-37 预制梁段的追踪管理

(3) 以往预制梁段生产过程中的材料管理比较松散,预制梁厂动态可视化管理系统通过物联网技术和影像技术实现材料的管理,对每批材料进场日期、验收人员、材料规格、质检表等都进行合理管控;与此同时,在对每批材料进行盘点之后,也可以对每榀梁使用的材料批次进行追踪(图2-38),这样大幅提高梁段的质量。

图2-38 材料的管理

(4)每个构件设计、施工、交付信息均通过手机移动端及计算机端进行录入。构件从加工到安装状态时间、工序、加工地点均进行全节段的记录,形成数据进度图表(图2-39)。

图2-39 构件资料管理

3)计算机(PC)端信息的集成

预制梁厂动态管理系统实现两个功能,一方面对梁厂进行科学有效的管理,另一方面通过物联网技术将每榀预制梁段生产过程中的所有信息进行采集并传到数据库,将信息集成到

BIM 数字化系统管理平台上,实现全寿命周期的管理,见图2-40和图2-41。

图 2-40　预制梁段在 BIM 平台的信息集成

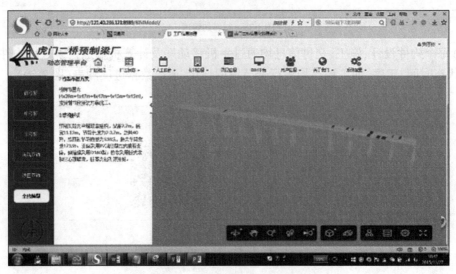

图 2-41　预制梁段可视化进度管控

## 2.6　本章小结

短线法预制节段拼装相对于长线法整梁预制具有以下优势:很好地适应平竖曲线桥型施工技术需求;模板和台座具有良好的通用性及灵活性,现场调整方便快捷;能够减少混凝土桥梁施工工期,提高经济效益,特别适用于节段梁的快速施工与装配化施工要求。但是短线匹配法的预制施工需要解决以下关键难题:①如何保证短线匹配预制场能够优质、便捷且高效地预制节段梁?②如何在预制过程中保证节段梁满足拼接精度与成桥线形要求?③在墩顶块的预制过程中,如何确保横隔墙的外观质量和墩顶块的整体刚度性能,以满足减小吊装变形及降低作业风险的需要？④如何对预制构件的生产管理、厂区布置及台座生产管理(进度、质量管理、构件仓储及运输管理等)进行标准化管理、协同管理？

以上述问题及难点为导向，系列关键技术被有效应用到节段梁预制施工中：

(1)统筹考虑了拼装过程的可施工性，进行了短线匹配法节段梁的优化设计，顺应了南沙大桥引桥节段梁的快速施工、装配化施工要求。

(2)引桥节段梁预制施工的几何线形测控，通过采用双测量塔控制体系及六点控制法，实现了固定端模安装的高精度控制、测量数据的实时采集、匹配梁段的精准空间定位、模板及台座的实时变形监测。此外，综合考虑了计算理论误差、以直代曲误差、基础与支架模板变形误差、测量放样误差及温度误差等主要的误差影响。通过对预制施工过程中对各种线形误差进行分析、识别、测量、调整，有效确保了节段梁的预制线形精度，使节段梁满足拼接精度及成桥线形要求。

(3)引入了节段梁墩顶块薄隔墙法施工技术，显著改善了节段梁墩顶块横隔墙混凝土的外观质量，减少了横隔墙钢筋切断数量，提高了墩顶块的整体刚度，减少了箱梁吊装变形和高空作业风险，为后续其他使用节段梁的工程项目提供了新的思路和可借鉴经验。

(4)构建了基于"物联网＋BIM"技术的节段梁预制施工可视化管理平台。实现了预制构件的生产管理、厂区布置及台座生产情况管理、构件材料、进度、质量管理、构件仓储及运输管理。通过构件生产进度质量数据的集成，实现基于3D模型的混凝土预制构件动态生产进度、质量状况及人员情况查询功能。可以更好地对大规模预制节段梁进行科学化管理，提高管理效率，严控梁段质量；结合BIM数字化协同管理平台，设计了预制梁厂动态可视化管理系统，实现了预制梁厂的标准化、流程化、可视化、工厂化的管理。

# 第3章 节段梁拼装施工关键技术

随着桥梁建造技术和工艺的提高,短线匹配法预制节段桥梁在国内外桥梁建设中得到了广泛应用。但是,短线法匹配法预制节段拼装箱梁存在接缝密封效果控制难度大、节段连接导致的预应力损失不明确、结构整体性较差、桥梁结构在成桥后的运营状况发展变化通常较难把握等问题,对该类型桥梁的运营及后期养护产生重要影响。因此,短线匹配法节段梁架设拼装的质量和线形控制尤为重要。

本章从短线法匹配法预制节段梁拼装的几何线形控制、节段梁接缝处预应力管道的密封技术以及节段梁施工全过程多功能几何控制协同管理出发,全方位研究了一系列精度高、适应性强的节段梁架设拼装施工关键技术,来保证南沙大桥节段梁施工的线形、接缝的质量满足要求,同时提升项目的协同管理能力,推进桥梁工业化建造水平的提高。

## 3.1 总体概况

### 3.1.1 节段梁运输

对于不同的桥梁建设地点、不同的桥梁建造类型而言,如何选择正确的节段梁产运方案,是桥梁建设的成本控制中的一个重要部分。箱梁总体运输计划如表3-1所示,原预制场选址如图3-1所示。

箱梁总体运输计划　　　　表3-1

| 标　段 | 数　量 | 开始时间 | 完成时间 |
| --- | --- | --- | --- |
| YQ-01(S2标) | 932榀 | 2015.7.31 | 2017.9.1 |
| YQ-02(S3标) | 1539榀 | 2015.7.31 | 2018.3.14 |
| YQ-03(S4标) | 1062榀 | 2016.4.19 | 2018.4.30 |

1)海上运输

经多方面研究、沟通协商,最终选定距离桥址水上平均运距约6km的海鸥岛西侧的同乐村(图3-2)。该处东邻同乐路,东距海鸥公路350m,距离拼装现场3~10km。两个施工区域位于大沙水道两侧,大幅减少了总运输距离,同时大沙水道的船舶往来相对于坭洲水道较少,有效减少其他往来船舶的影响。

由于运距由55km减少至平均6km运距,由原来的超过12h海上运输时间减少为2h左右;同时根据节段梁安装工效,将运输船舶吨位由2000t调整为800t,减小运输船舶对水深的要求。

海上运输采用深仓驳船运输,对驳船进行改造加固和对梁体紧固。如图3-3所示,根据选定的运梁船型号和构造图,在船舱底板上焊接型钢框架,使框架受力较大部位与船体主骨架重合,型钢框架上设置木方作为支点,同时对箱梁用缆风绳和支撑进行固定,防止倾覆,保证节段梁运输安全,减少磕碰损坏梁体。

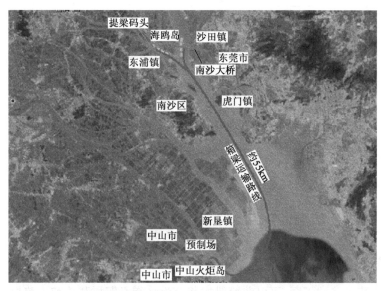

图 3-1　原预制场选址

图 3-2　优化后预制场选址

2)陆上运输

节段梁预制拼装分为骝东互通立交主线桥和西引桥(YQ-01)、中引桥和海鸥互通立交主线桥(YQ-02)、东引桥(YQ-03)三个施工区域,每个区域设置1个提梁站,节段梁用运梁船由预制场装船出梁站经水路运至各安装区提梁站,再由200t分体式(每个拼装区域各1台,共3台)运梁车经陆路运输至桥面提梁站,箱梁经提梁门架提升至桥面后,由桥面运梁车运至架桥机尾部或直接由架桥机起吊拼装。

由于地质条件差,覆盖层多为淤泥,承载力低,对除栈桥外运输便道进行加固硬化处理;为保证行驶安全,运输便道纵坡控制在3%以内,横坡控制在2%以内,同时安排专人进行交通疏解和沿途路况观测,以保证运梁运输安全、平稳。

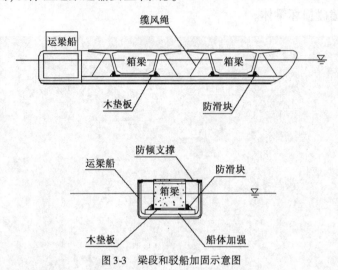

图3-3 梁段和驳船加固示意图

### 3.1.2 节段梁拼装施工工艺流程

根据梁段拼装工艺的不同,可以节段梁拼装分为平衡悬臂拼装法和逐跨拼装法两种。

1)平衡悬臂拼装

悬臂拼装施工工艺分为T构悬拼和边跨悬挂拼装两种工况。T构悬拼(图3-4)利用移动式起重机起吊节段,从墩顶开始,对称逐段拼装,利用环氧树脂和预应力钢筋连接成整体,直到合龙成桥;边跨悬挂拼装(图3-5)将边跨梁段逐块悬挂于架桥机主桁架上,逐块拼装梁段,利用预应力钢筋连接成整体。悬臂拼装的工艺流程见图3-6。

图3-4 T构悬拼示意图

图 3-5 边跨悬挂拼装示意图

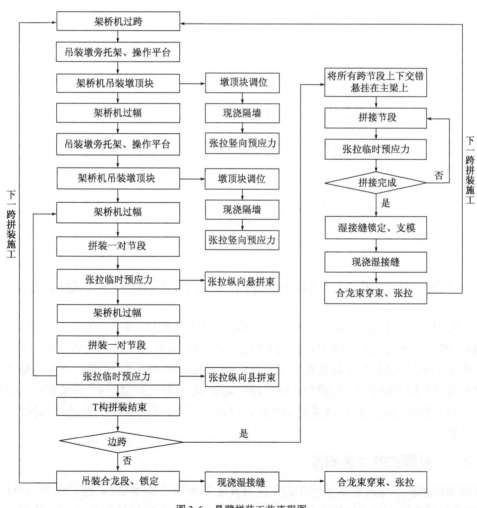

图 3-6 悬臂拼装工艺流程图

2) 逐跨拼装

逐跨施工即单跨的每榀节段吊挂于架桥机上后,用体内或体外预应力进行串联拼装形成简支结构,然后张拉临时预应力、湿接缝施工、张拉墩顶永久预应力钢束形成连续体系。逐跨拼装工艺流程见图3-7。

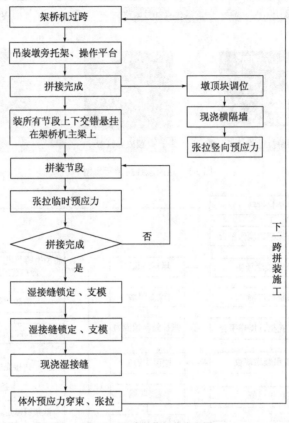

图3-7 逐跨拼装工艺流程图

## 3.2 短线匹配法节段梁施工全过程几何线形控制技术

采用短线匹配法预制拼装的桥梁由多个预制节段拼装而成,各节段在施工时存在一定的线形偏差,容易造成其分段预应力管道的平顺性比整根管道差,从而导致预应力损失较大。同时由于受施工质量的影响,尤其是在混凝土材料弹性模量的依时变化、混凝土收缩徐变特性、胶结材料老化等因素的影响下,预制拼装节段中的预应力损失、接缝开裂、挠度变形、钢筋锈蚀等工程问题与整体现浇结构相比将更加突出。因此,对节段梁的拼装线形进行系统性控制显得尤为必要。

### 3.2.1 拟解决的关键问题

节段梁的线形指标通常基于构件的无应力长度及无应力曲率给出,这些参数一旦给出并经梁厂预制,便在整个施工过程中难以再做调整。然而,结构实际的设计、加工、装配、测量过程中不可避免地面临各种误差和不确定性因素,使得整个建造过程结构的几何尺寸、物理参数、外部荷载及边界条件甚至计算模型本身皆具有不确定性,比如混凝土材料弹性模量的依时变化、混凝土收缩徐变、胶结材料老化及预应力损失等因素的影响,以及节段梁预制线形偏差、拼装过程中的定位偏差、测量偏差、预应力损失、监控计算模型误差等。这些误差及不确定性随着拼装节段的增加不断累积放大,将引起节段梁拼装的轴线、高程偏差,使得结构实际成桥线形往往偏离于设计成桥线形。南沙大桥引桥节段梁设计线形特征复杂,特别是中引桥7~11号墩、海鸥互通立交主线桥22~27号墩区域内节段梁位于缓和曲线段上且预制箱梁横坡需渐变,增加了节段梁空间定位与拼装精度要求,施工难度较大。节段梁拼装施工中需要解决的关键问题:在施工多种因素干扰下,确保节段梁的拼装达到设计指标要求。因此,迫切需要系统建立一种测控精度高、适应性强的几何线形控制体系,来保证南沙大桥节段梁预制拼装的线形要求。

### 3.2.2 短线匹配法节段梁全过程自适应几何控制

节段拼装桥梁结构在制造及施工的不同阶段将涉及3种不同的线形:设计成桥线形、制造线形以及拼装线形。几何线形控制最关键的任务就是通过对施工过程中的各种线形误差进行分析、识别、测量、调整,选择合适的预制及拼装线形,使得桥梁结构最终达到设计成桥线形。几何线形控制是节段拼装桥梁建设的关键技术之一,是保证短线法节段预制和匹配拼装施工的基础。

#### 3.2.2.1 总体施工控制框架

短线匹配法预制节段梁的施工控制是一个系统性工程,即"施工—测量检测—误差分析—参数调整—施工预报及修正"的过程。为了尽可能达到理想状态,需要在施工过程中持续跟踪计算分析,不断调整、完善计算参数。根据研究对象的不同,主要包括两个部分:一部分是数据采集系统,即监测包括施工期主梁结构高程及线形的变化、结构主要截面的应力状态、施工现场主要材料试验结果(如混凝土的弹性模量、重度等);另一部分是数据的分析处理系统,即监控系统。前者是利用事先在结构上布置的测点或者传感器获得大量的数据以用于现场分析;后者是利用专用桥梁结构分析软件,对现场获得的数据进行分析处理,调整施工参数。通过二者的有机结合,控制桥梁的内力和线形,实现桥梁结构的内力和线形同时达到设计预期值,确保桥梁施工期的安全和正常运营。

拼装桥梁结构在预制拼装的不同阶段将涉及3种不同的线形:设计成桥线形、预制线形及拼装线形。设计成桥线形是指桥梁修筑完成后所需要达到的设计线形;预制线形是主梁在制造过程中零应力状态下的线形;拼装线形,又叫作安装线形,是指桥梁在拼装过程中各新安装梁段自由端连接成的线形。拼装桥梁施工控制中最关键的任务就是选择合适的预制线形及拼装线形,使得桥梁结构最终达到设计成桥线形。

拼装施工桥梁位移计算面临的一个问题是逐段形成的结构中新安装单元的初始位置的确定。有两种方法确定其初始位置:一是,指定新节点位移为零,即零初始位移法;二是,将新节点初始位移指定到沿着已完成梁段悬臂端切线上,即切线初始位移法。

预制线形高程值与设计成桥线形高程值的关系:

$$H_m = H_c - H_v \tag{3-1}$$

式中：$H_m$——预制线形高程值；

$H_c$——设计成桥线形高程值；

$H_v$——按切线初始位移法计算的竖向位移。

拼装线形高程值与设计成桥线形高程值的关系：

$$H_e = H_c - H_z \tag{3-2}$$

式中：$H_e$——拼装线形高程值；

$H_c$——设计成桥线形高程值；

$H_z$——零初始位移法计算的竖向位移。

对按零初始位移法计算的竖向位移进行简单的处理，即可得出按切线法计算的竖向位移。

节段梁采用全过程自适应几何法控制线形，全覆盖预制、拼装过程的线形控制，采用专用软件分析计算，同时全过程采集实际坐标数据，不断实时调整理论数据并形成几何数据库。相对于传统的施工控制方法，几何控制法是一种新的控制理念。其理论依据是根据结构力学原理，几何体系（包括结构体系的形式、构件的初始尺寸和形状、几何约束形式及其方位等）一定的弹性结构在某一时刻的内力和变形状态唯一取决于此刻其所受的作用（如荷载等）体系，而与此前结构构件的安装历程、作用的施加和变迁历程无关。因为此刻结构的内力与变形状态可以由静力平衡方程和变形协调方程唯一确定，而这两类方程又由此时结构的几何体系与作用体系唯一确定。换言之，只要弹性结构的几何体系和作用体系一定，其内力与位移状态就唯一确定，与结构和作用的形成过程无关。

在拼装过程中采用高精度三向千斤顶对墩顶块精确定位，每个拼装节段进行定位测量，将每个节段的实时三维坐标反馈到监控处，进行计算、对比，对产生偏差的梁段及时纠偏，保证线形符合设计要求。总体施工线形控制体系见图3-8。

#### 3.2.2.2 监控测量方案

节段梁定位精度要求高，沿线需加密控制网，并定期对整个测量控制系统复测、平差，及时更新数据，以减小控制点引起的测量误差。在节段拼装过程中，拼装控制点与预制时所用的几何控制点相同。

如图3-9所示，lfb1、rfb1、lfb2、rfb2用于控制梁段的立面位置，fhp1、fhp2用于控制梁段的平面位置。

当箱梁在预制构件厂预制完毕时，计算获得按总体坐标系统的几何数据。此竣工数据将与以下的因素一并考虑，并得出预制箱形梁拼装时按总体坐标系统阶段式的目标几何数据：

(1) 墩柱结构及基础预拱值（墩身结构及基础的弹性压缩的预拱值应在形成永久支座的垫石时考虑进去）；

(2) 施工阶段的墩柱结构及基础变形值；

(3) 上部桥梁结构的分阶段变形值。

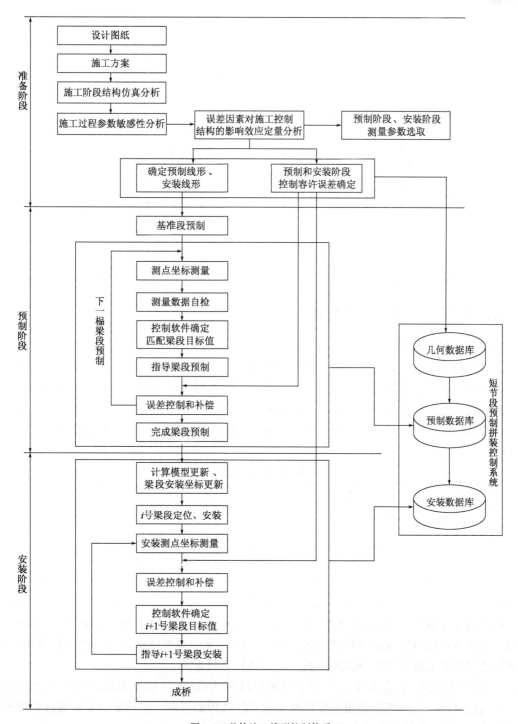

图 3-8 总体施工线形控制体系

如图 3-10 所示,若测量结果超出几何控制数据库允许的误差范围,则须对后续梁段的拼装进行调整。悬臂拼装过程中可采取的调整措施有临时预应力的大小调整、悬臂端临时配重调整、拼接缝涂胶层的厚度调整,以及必要时对主梁增加现浇缝等。

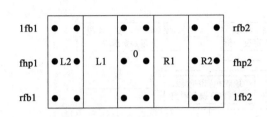
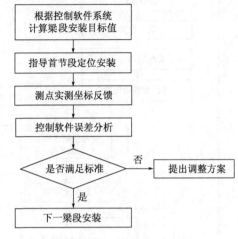

图 3-9　安装节段控制点布置示意图　　图 3-10　节段梁拼装几何控制

### 3.2.3　节段梁拼装施工误差分析

1）结构参数引起的误差

混凝土桥梁主要参数包括混凝土重度、弹性模量等。对主梁梁段重量、混凝土弹性模量、存梁期和年温差 4 个参数的敏感性分析,其目的在于掌握参数变化对结构成桥线形的影响。结构的主要参数和参数变化范围如表 3-2 所示,表中"±"表示增、减,如主梁梁段重量 ±5%,表示主梁梁段重量增加或减小 5%,后图同;年温差 ±10℃,表示比基准状态 20℃ 高或低 10℃。

结构主要参数　　　　　　　　　　表 3-2

| 参　数 | 基准状态 | 变 化 一 | 变 化 二 | 变 化 三 |
| --- | --- | --- | --- | --- |
| 主梁梁段重量 | 按设计值 | ±5% | — | — |
| 混凝土弹模 | $3.55 \times 10^4$（MPa） | ±5% | — | — |
| 存梁期 | 3 个月 | 2 个月 | 1 个月 | — |
| 年温差 | 20℃ | ±10℃ | — | — |

计算采用控制变量法,仅改变需探讨的参数,而其余参数采用基准状态值,在此情况下考察施工阶段和成桥时的结构线形的变化。以图 3-11 所示的连续刚构桥为例进行敏感性分析,并采用桥梁有限元软件 TDV RM2006 建立模型进行分析计算。

(1) 主梁梁段重量:以基准状态下主梁成桥线形为准,主梁梁段重量减小 5%、增加 5% 时,进行施工阶段分析,考虑梁重量变化对主梁成桥线形的影响。主梁重量变化时成桥线形如图 3-12 所示,主梁重量变化时上下缘应力如图 3-13 所示。

在主梁重量变化而未采取线形调整时,主梁成桥线形的最大误差发生在第一跨跨中位置。当梁段重量 +5% 时,最大误差为 -5mm;当梁段重量 -5% 时,最大误差为 5mm。当梁段重量发生变化时,主梁上缘和下缘均处于受压状态,最大压应力为 -11.1MPa。

(2) 主梁混凝土弹性模量:以基准状态下主梁成桥线形为准,主梁混凝土弹性模量减小5%、增加5%时,进行施工阶段分析,考虑混凝土弹性模量变化对主梁成桥线形的影响。主梁弹性模量变化时线形如图3-14所示,主梁弹性模量变化时上下缘应力如图3-15所示。

主梁混凝土弹性模量变化时,主梁成桥线形的最大误差发生在第一跨跨中位置。当混凝土弹性模量+5%时,最大误差为1.5mm,发生在第二跨跨中位置;当混凝土弹性模量-5%时,最大误差为1.6mm,发生在第一跨靠近边支座处。当混凝土弹性模量发生变化时,主梁上缘和下缘均处于受压状态,且从曲线图可以看出,弹性模量的变化对上下缘的压应力影响几乎可以忽略不计。

(3) 以基准状态(存梁3个月)下主梁成桥线形为准,考虑主梁梁段存梁期为2个月和1个月时对主梁成桥线形的影响如图3-16所示,上下缘应力如图3-17所示。

主梁梁段存梁期变化而未采取线形调整时,主梁成桥线形与设计线形基本吻合。误差在-0.1mm~0.3mm之间。当存梁期为两个月时,主梁上缘和下缘均处于受压状态,变化较小。

图3-11 桥梁结构有限元模型

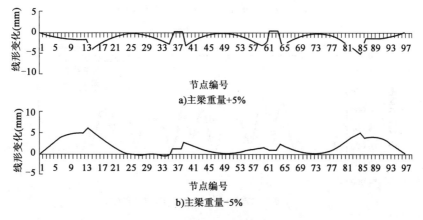

图3-12 主梁重量变化时成桥线形

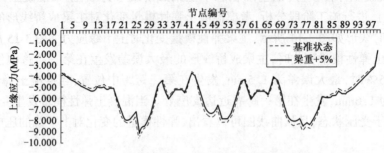

a) 主梁重量+5%上缘应力与基准状态对比

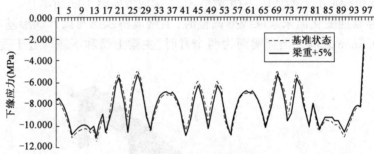

b) 主梁重量+5%下缘应力与基准状态对比

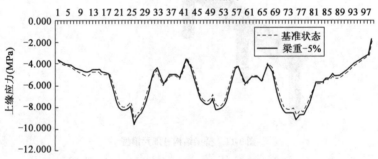

c) 主梁重量-5%上缘应力与基准状态对比

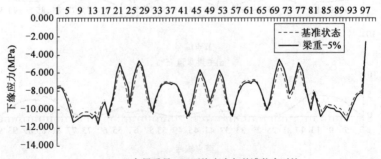

d) 主梁重量-5%下缘应力与基准状态对比

图3-13 主梁重量变化时上下缘应力对比

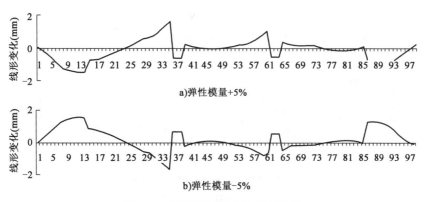

图 3-14 主梁弹性模量变化时线形变化

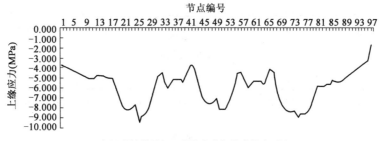

a) 主梁弹性模量+5%上缘应力与基准状态对比

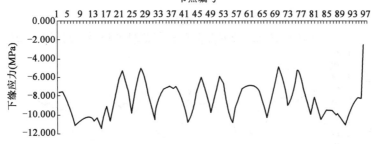

b) 主梁弹性模量+5%下缘应力与基准状态对比

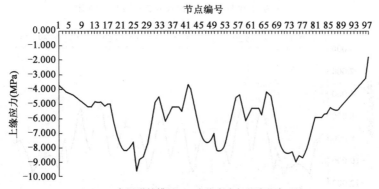

c) 主梁弹性模量-5%上缘应力与基准状态对比

图 3-15

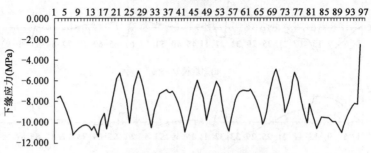

d)主梁弹性模量-5%下缘应力与基准状态对比

图 3-15　主梁弹性模量变化时上下缘应力对比

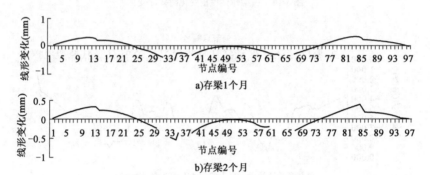

a)存梁1个月

b)存梁2个月

图 3-16　存梁 1 个月和 2 个月与基准状态线形对比

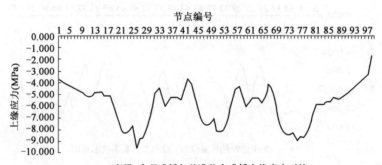

a)存梁1个月成桥与基准状态成桥上缘应力对比

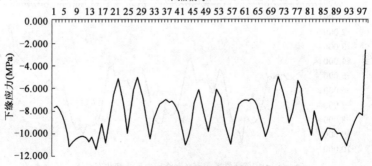

b)存梁1个月成桥与基准状态成桥下缘应力对比

图　3-17

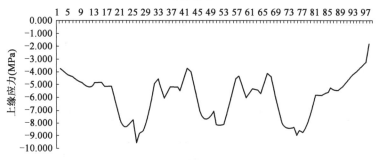

c) 存梁2个月成桥与基准状态成桥上缘应力对比

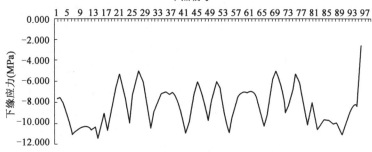

d) 存梁2个月成桥与基准状态成桥下缘应力对比

图 3-17 存梁 1 个月和 2 个月与基准状态上下缘应力对比

综上所述,所讨论的 4 个参数中,主梁自重对桥梁线形和应力影响较大。

2) 施工过程引起的误差

(1) 预制误差

预制误差在预制过程中基本可以消除,但区段最后一个节段是特例,由于最后一个节段不作为匹配节段,无法在下一节段消除误差,可能对高程和轴线引桥 1~3mm 误差。

(2) 墩顶块安装偏差

安装一个 T 构,首先需要准确定位之后将墩顶块固定在桥墩上。由于误差及不确定性普遍存在于墩顶块高程和轴线位置调节,以及之后的抄垫锚固并进行二次浇筑的过程中,墩顶块的最终定位结果往往与理论要求有差别。后续节段梁的拼装由于匹配关系受到墩顶块偏位的影响。

若假设墩顶块安装妥当之后,轴线方向上前后测点高程误差为 1mm(累积 2mm),测点距墩中心 1.6m,跨度 62.5m,最大悬臂 30.05m,所以墩顶块偏位引起的最大悬臂端与理论计算差值为:

$$\Delta H_1 = 1 \times 30.05/1.6 = 18.78 (\mathrm{mm})$$

因测量仪器精度限制及恶劣的海风环境影响,墩顶块施工精度出现 1mm 的误差是很常见的事情,因此墩顶块偏位对 T 构最大悬臂高程的影响是非常大的。

表 3-3 为本书背景工程中某桥墩墩顶块实测测点高程的对比情况,其中二次浇筑为墩顶块横隔梁的浇筑,墩顶块测点编号如图 3-18 所示。

南沙大桥某墩顶块箱梁高程对照表　　　　表3-3

| 点号 | 监控指令(m) | 调梁 | | 二次浇注后 | |
|---|---|---|---|---|---|
| | | 实测(m) | 差值(mm) | 实测(m) | 差值(mm) |
| 1 | 42.750 | 42.753 | 3.2 | 42.752006 | 2.2 |
| 2 | 42.926 | 42.929 | 3.3 | 42.930217 | 4.3 |
| 3 | 43.079 | 43.083 | 3.6 | 43.08182 | 2.6 |
| 4 | 43.155 | 43.158 | 3.1 | 43.159164 | 4.1 |

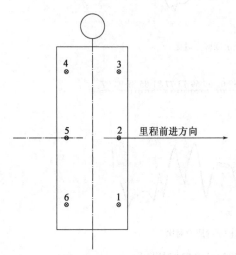

图3-18　墩顶块测点编号

从表3-3中可见，前后高程测点在二次浇筑后（此时未安装后续节段梁）前后高程点去除墩顶块整体抬高后的误差之和为2mm，与上述计算分析情况一致。另外，墩顶块的整体抬高或者降低对T构最大悬臂端高程的影响较小，不予特别考虑。

（3）环氧胶厚度不均匀引起的误差

节段梁之间存在匹配关系，考虑环境腐蚀等因素之后，仍需要在匹配面上抹胶；抹胶之后采用精轧螺纹钢临时拉紧，待环氧胶硬化之后才张拉永久预应力。

施工现场一般采用人工方式抹胶，难免会出现胶厚度在梁断面上下、左右不均匀的情况；临时预应力的张拉不同步也会造成节段匹配面上环氧胶厚度的不均匀。

假设在极端情况下，从墩顶块到最大悬臂段10号块所有节段之间的环氧胶厚度都不均匀，且都是上缘比下缘厚0.5mm，那么，最大悬臂端高程误差为：

$$\Delta H = (28.2 + 25.65 + 23.1 + 20.55 + 18 + 15 + 12 + 9 + 6 + 3) \times 0.5/3.6 = 22.3(\text{mm})$$

式中，0.5mm即图3-19中的$b$（胶的不均匀厚度或垫片厚度），3.6m为梁高，括号中数据为抹胶截面与最大悬臂端的距离。考虑到$b$值极小，可认为图3-19中各参数满足以下公式：

$$\frac{b}{H} = \frac{h}{L} \tag{3-3}$$

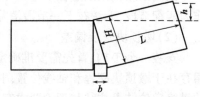

图3-19　主梁上下缘胶厚度不一致引起高程变化计算原理示意

得到：

$$h = \frac{bL}{H} \tag{3-4}$$

由于本算例基于最不利情况考虑，抹胶厚度不均匀引起的高程误差并不能达到计算中的22.3mm。因此，对于同一批操作工人、同样的施工设备，这样的误差可能积累到较大数值2.2cm。

### 3.2.4　短线匹配法节段梁施工全过程几何线形控制系统

#### 3.2.4.1　短线法施工控制系统的软件基本情况

在总结了国内外短线法预制拼装的施工经验的基础上，基于Windows平台，以Visual Studio 和 Visual Basic 作为开发工具,研制了一套短线预制拼装混凝土连续梁桥控制软件视窗系统。该系统是以几何控制为理论基础、以数据库为核心的施工全过程控制系统;它将桥梁施工全过程纳入其控制系统中,对预制拼装施工进行全方位掌控,并从梁的制造阶段开始对桥梁的施工误差进行识别与调整,直至梁段的拼装完成。同时为了模拟施工过程中各类控制指令的传递,系统中采用了智能文档的方式来处理该类问题,将传统的电子文档与应用系统结合起来。

以大型数据库为核心,集模型计算与预测系统、误差分析与修正系统于一体的短线预制拼装线形控制软件系统,可实现宽幅变截面箱梁、缓和曲线变横坡、小曲率半径等复杂桥梁结构的精度控制,同时采用先进的网络技术,后方软件控制服务器通过智能客户端对多个项目进行远程控制运算。该系统的成功开发,填补了国内短线预制拼装桥梁施工控制软件的空白,计算精度达到国际同类控制软件精度水平。

针对短线法施工控制系统中的上述要求,研制了短线预制拼装混凝土连续梁桥控制软件视窗系统,系统结构如图 3-20 所示。它主要包括 4 个模块:桥梁基本信息、梁段分割信息、节段预制和节段拼装,这 4 个模块之间通过数据库连接在一起。

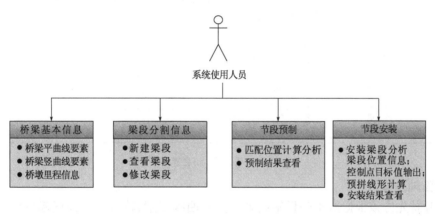

图 3-20　短线法施工控制系统结构图

由于该系统模块之间通过数据库传递数据,涉及大量的数据处理,所以数据库的设计是系统的核心。数据库与各模块之间的关系见图 3-21。该系统数据库采用数据字典设计,对数据库设计中涉及的各种项目,如数据项、记录、系、文卷、模式、子模式等建立起数据字典,以说明它们的标识符、同义名及有关信息。同时把上述原始数据进行分解、合并后重新组织起来的数据库全局逻辑结构,包括所确定的关键字和属性、重新确定的记录结构和文卷结构、所建立的各文卷之间的相互关系,形成本数据库的数据库管理员视图。

该模式可以管理完善各种数据库对象,具有强大的数据组织、用户管理、安全检查等功能;同时可以方便地生成各种数据对象,利用存储的数据建立窗体和报表,可视性好,能够和 Office 实现无缝连接。在数据库的设计中,应使数据之间保持一致性,数据主从关系明确。该系统的数据库涵盖桥梁基本信息、梁段分割信息、预制信息、拼装信息等。各表之间相互联系,关系明确。

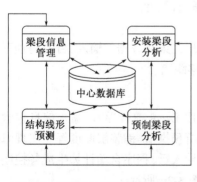

图 3-21　数据库与各模块之间关系图

#### 3.2.4.2 桥梁基本信息管理

如图 3-22 所示,该模块用于管理整个桥梁的一些基本信息,包括平面轴线、立面轴线、桥墩里程、横坡信息等,它为其后进行的控制点理论数据库、预制与安装分析打下了基础。使用者通过该模块可以对整个桥梁的基本信息进行管理,包括新建、查看、复制、粘贴、删除和修改。

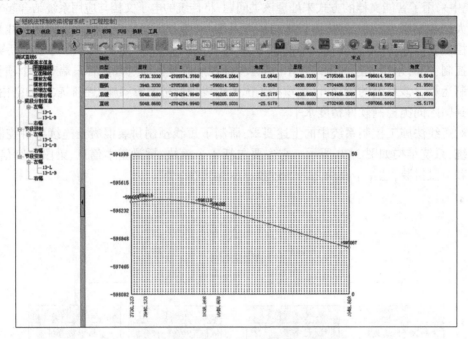

图 3-22 桥梁基本信息管理图

1) 平面轴线输入

工程师首先应该根据给出的桥轴线处交点的曲线要素,输入各段曲线起点里程、平面坐标、方位角等初始值,程序自动计算出各里程点位的平面坐标及方位角。

2) 立面轴线输入

具体输入规则与平曲线类似。其中设计高程单位为米,坡度以上坡为正,反之为负。

3) 横坡信息

分左右幅输入各变坡点前后横坡值及相应里程,程序自动计算出各里程点位的横坡值。左幅横坡正值表示左侧低,右侧高;右幅横坡正值表示左侧高,右侧低。

4) 桥墩信息

分左右幅输入各桥墩编号、里程及墩顶处梁高。其中墩顶处梁高数据的输入,目的是程序自动计算出图 3-23 所示因纵向坡度引起的墩顶梁段纵向偏移距离。

#### 3.2.4.3 梁段信息输入

考虑到混凝土预制箱梁数量庞大,各梁段的信息采集采用 Excel 模板导入,输入信息包含长度、所属墩号、预制单元名称、预制方向、梁宽、理论计算分析预拱值、铺装层厚度等。实现海量数据的批量输入,大大减少了烦琐的手工输入。数据模板导入后,程序自动计算生成各控制点理论坐标值(全局坐标、预制局部坐标),具体如图 3-24 ~ 图 3-26 所示。

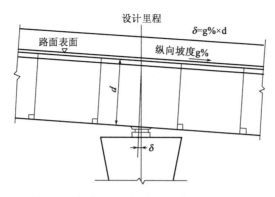

图 3-23　墩顶梁段因纵坡引起的纵向偏移示意图

| 长度 | 墩号 | 单元名称 | 节点名称 | 预制方向 | 一半梁宽 | 轴肩投影 | 肩中投影 | 预拱值 | 铺装层厚 |
|---|---|---|---|---|---|---|---|---|---|
| 1.990 | 15-R | 16-R | R-15-S-0 | -1 | 7.95 | 1 | 7.5 | 0 | 0.09 |
| 66.018 | 16-R | 16-R | R-16-N-0 | 0 | 7.95 | 1 | 7.5 | 0.0077 | 0.09 |
| 1.992 | 16-R | 16-R | R-16-S-0 | 0 | 7.95 | 1 | 7.5 | 0.0063 | 0.09 |
| 3.163 | | 16-R | R-16-S-1 | 1 | 7.95 | 1 | 7.5 | 0.006 | 0.09 |
| 3.163 | | 16-R | R-16-S-2 | 1 | 7.95 | 1 | 7.5 | 0.0057 | 0.09 |
| 3.164 | | 16-R | R-16-S-3 | 1 | 7.95 | 1 | 7.5 | 0.0055 | 0.09 |
| 3.164 | | 16-R | R-16-S-4 | 1 | 7.95 | 1 | 7.5 | 0.0055 | 0.09 |
| 3.164 | | 16-R | R-16-S-5 | 1 | 7.95 | 1 | 7.5 | 0.006 | 0.09 |
| 3.164 | | 16-R | R-16-S-6 | 1 | 7.95 | 1 | 7.5 | 0.007 | 0.09 |
| 3.513 | | 16-R | R-16-S-7 | 1 | 7.95 | 1 | 7.5 | 0.0086 | 0.09 |
| 3.514 | | 16-R | R-16-S-8 | 1 | 7.95 | 1 | 7.5 | 0.0103 | 0.09 |
| 3.514 | | 16-R | R-16-S-9 | 1 | 7.95 | 1 | 7.5 | 0.012 | 0.09 |
| 3.396 | | 16-R | R-16-S-10 | 1 | 7.95 | 1 | 7.5 | 0.0139 | 0.09 |
| 0.150 | | 16-R-B | R-16-S-11 | -1 | 7.95 | 1 | 7.5 | -0.0101 | 0.09 |
| 3.421 | | 16-R-B | R-16-S-12 | -1 | 7.95 | 1 | 7.5 | -0.0096 | 0.09 |
| 3.515 | | 16-R-B | R-16-S-13 | -1 | 7.95 | 1 | 7.5 | -0.009 | 0.09 |
| 3.515 | | 16-R-B | R-16-S-14 | -1 | 7.95 | 1 | 7.5 | -0.0083 | 0.09 |
| 3.515 | | 16-R-B | R-16-S-15 | -1 | 7.95 | 1 | 7.5 | -0.0073 | 0.09 |
| 3.516 | | 16-R-B | R-16-S-16 | -1 | 7.95 | 1 | 7.5 | -0.0062 | 0.09 |
| 3.516 | | 16-R-B | R-16-S-17 | -1 | 7.95 | 1 | 7.5 | -0.0045 | 0.09 |
| 3.516 | | 16-R-B | R-16-S-18 | -1 | 7.95 | 1 | 7.5 | -0.0027 | 0.09 |
| 3.167 | | 16-R-B | R-16-S-19-B | 0 | 7.95 | 1 | 7.5 | -0.001 | 0.09 |
| 3.168 | | 16-R-B | R-16-S-19-E | 0 | 7.95 | 1 | 7.5 | 0.0004 | 0.09 |

图 3-24　数据模板示意图

图 3-25　控制点理论全局坐标

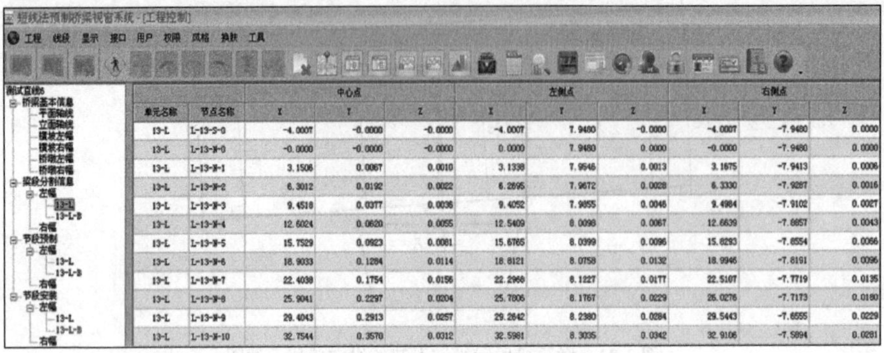

图 3-26 控制点理论预制局部坐标

1) 节段预制信息输入模块

无论是整跨吊装,还是对称悬拼施工,必定有一个节段作为基准块段,它将两次作为标准梁段使用。为了确保固定端模总是垂直于节段轴线,起始段的形状必须为矩形,按图 3-27 ~ 图 3-29 所示预制方向进行预制。

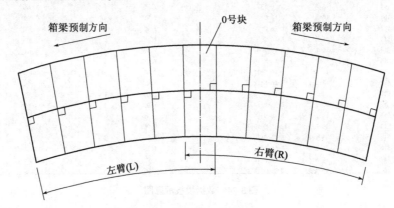

图 3-27 平面预制示意图一

a) 梁段匹配预制纵向示意(凸曲线)　　b) 梁段匹配预制纵向示意(凹曲线)

图 3-28 平面预制示意图二

如图 3-30 所示,每一预制梁段设置 6 个控制测点。其沿节段中心线的两个测点(FH 和 BH)用来控制平面位置,而沿腹板设置的 4 个测点(FL、FR、BL、R)用以控制高程。所有控制预埋件都在混凝土凝固前安放在梁段顶板上,由十字头螺栓和 U 型圆钢组成。预埋件必须尽量设置在所规定的位置,由于预埋件是作为相对位置的参考,因此它们的位置不需要绝对的正确。

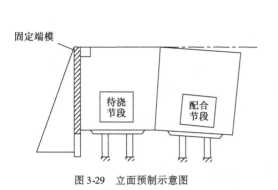

图 3-29 立面预制示意图

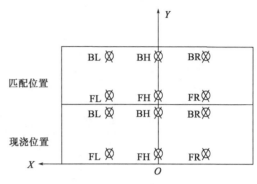

图 3-30 本软件所采用的局部坐标系

以下为预制过程中的几何控制主要流程:
(1)测量及调整匹配节段的精确位置;
(2)测量浇注梁段及匹配节段测点坐标;
(3)将测量结果输入到软件,确定已浇筑梁段在作为匹配节段时的位置(包括施工误差的纠正);
(4)重复以上(1)~(3)的步骤,直到整孔箱梁预制完成。

本软件支持远程客户端,现场测量人员登录网页,输入用户名及密码,导入测量数据后,即可很方便获取预制指令信息,如图 3-31 所示。后方数据库获取经网络传回的测量数据后,后方控制台有多种显示方式可供选择。

a)

b)

图 3-31 远程客户端示意图

2) 节段梁安装信息输入模块

该模块主要用于控制安装梁段时的线形,通过对预制梁段控制点坐标值的误差分析,得到梁段控制点的目标坐标值,用户按照这些坐标值进行安装,然后对这控制点进行测量,得到实测值。安装产生的误差主要由现场工程师采取相应调整措施。控制点安装理论目标值的计算,涵盖整垮悬挂及对称悬拼工艺,如图 3-32 ~ 图 3-34 所示。

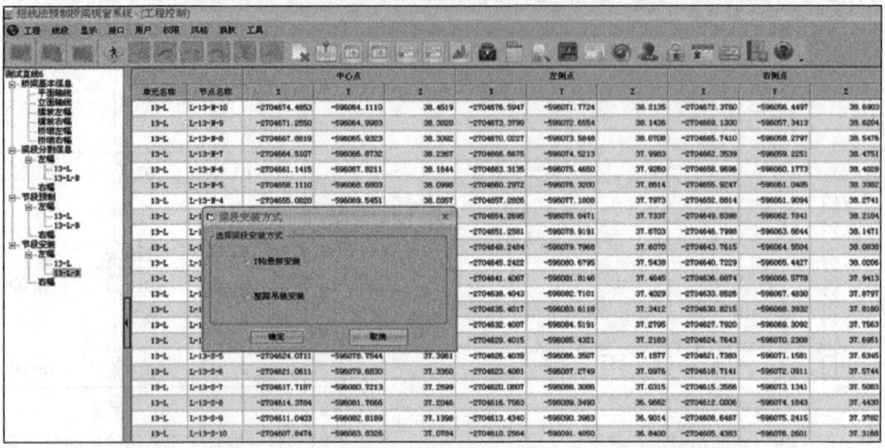

图 3-32 安装方式选择

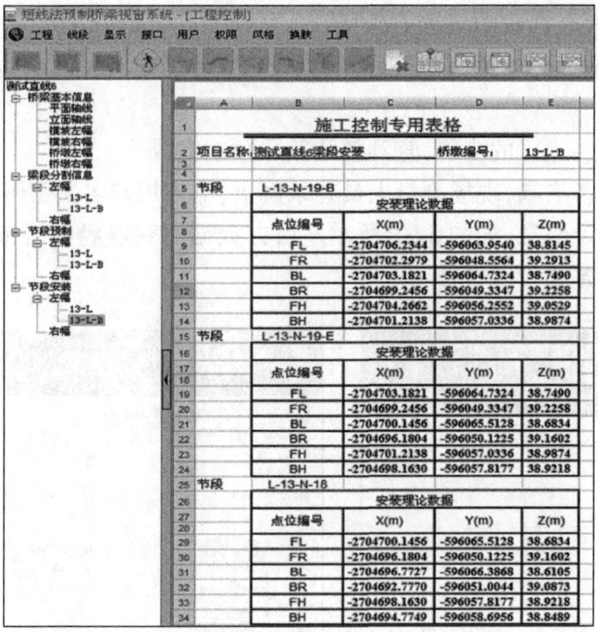

图 3-33 整垮悬挂安装指令示意图

#### 3.2.4.4 短线法施工线形控制成果

施工控制的主要误差包括理论计算误差和施工引起的误差两个部分。桥梁结构在荷载作用下的实际力学行为与理论计算不吻合的主要原因是系统参数不准确,当实测值与模型计算结果不一致时,通过修正、调节计算模型参数后,重新计算各施工阶段的理想状态。这样,经过多个工况的调控后,计算模型结构与实际结构构形基本吻合,在此基础上可以对施工状态进行更好的控制。为此,在进行南沙大桥施工控制的过程中,选取几个 T 构进行数据的加密采集,并对数据进行分析,见表 3-4 ~ 表 3-6。

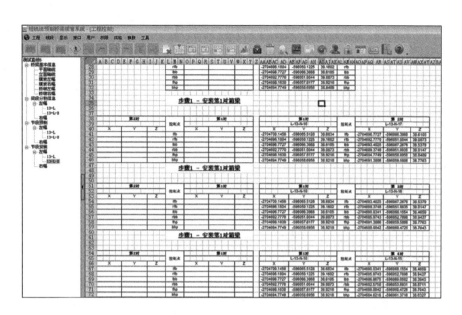

图 3-34 对称悬拼安装指令示意图

由于靠近墩顶块的几个安装阶段主梁线刚度较大,参数误差对结构形态的影响不明显,容易被偶然误差掩盖;故加密测量主要针对 5 号节段之后的梁段进行。表 3-4～表 3-6 为中引桥(S3 标段)11 号墩 T 构的测量结果。在 5 号、8 号、10 号节段拼装完成后,对前面已完成的节段进行通测,提取其变形值,并与理论变形值进行对比。表 3-4～表 3-6 中,节段拼装高程指在拼装此节段并完成对应阶段预应力张拉后的高程,当前高程表示完成当前节段(比如第一个表对应的当前节段为 5 号节段)并张拉完当前节段对应预应力之后的高程。采用这种相对变形的方法,可以消除施工过程引起的误差。

T 构第 5 对拼装完成后测量结果　　　　　　　　　　表 3-4

| 节段号及测点 | | 节段拼装高程(m) | 当前高程(m) | 变化量(mm) | 理论变化(mm) | 差值(mm) |
|---|---|---|---|---|---|---|
| S3-3-11-RW-1 | FL | 43.904 | 43.903 | -1 | -0.8 | 0.1 |
| | FR | 43.585 | 43.587 | 2 | -0.8 | 3.0 |
| S3-3-11-RE-1 | FL | 43.400 | 43.398 | -2 | -0.8 | -1.3 |
| | FR | 43.730 | 43.727 | -3 | -0.8 | -2.3 |
| S3-3-11-RW-2 | FL | 43.952 | 43.951 | -1 | -0.6 | -0.9 |
| | FR | 43.640 | 43.640 | 0 | -0.6 | 0.5 |
| S3-3-11-RE-2 | FL | 43.350 | 43.348 | -3 | -0.6 | -2.1 |
| | FR | 43.682 | 43.677 | 1 | -0.6 | 1.7 |
| S3-3-11-RW-3 | FL | 44.007 | 44.008 | 1 | -0.3 | 1.4 |
| | FR | 43.701 | 43.701 | 0 | -0.3 | 0.0 |
| S3-3-11-RE-3 | FL | 43.295 | 43.294 | -1 | -0.3 | -0.6 |
| | FR | 43.631 | 43.627 | -4 | -0.3 | -4.0 |

T 构第 8 对拼装完成后测量结果  表 3-5

| 节段号及测点 | | 节段拼装高程(m) | 当前高程(m) | 变化量(mm) | 理论变化(mm) | 差值(mm) |
|---|---|---|---|---|---|---|
| S3-3-11-RW-1 | FL | 43.904 | 43.901 | -3 | -1.9 | -0.9 |
| | FR | 43.585 | 43.585 | 0 | -1.9 | 1.6 |
| S3-3-11-RE-1 | FL | 43.400 | 43.396 | -4 | -1.9 | -2.3 |
| | FR | 43.730 | 43.728 | -3 | -1.9 | -0.8 |
| S3-3-11-RW-2 | FL | 43.952 | 43.949 | -3 | -2.1 | -1.3 |
| | FR | 43.640 | 43.634 | -6 | -2.1 | -4.0 |
| S3-3-11-RE-2 | FL | 43.350 | 43.348 | -3 | -2.1 | -0.5 |
| | FR | 43.682 | 43.678 | -6 | -2.1 | -4.3 |
| S3-3-11-RW-3 | FL | 44.007 | 44.001 | -6 | -2.4 | -4.0 |
| | FR | 43.701 | 43.697 | -4 | -2.4 | -1.7 |
| S3-3-11-RE-3 | FL | 43.295 | 43.293 | -3 | -2.4 | -0.2 |
| | FR | 43.631 | 43.630 | -1 | -2.4 | 1.0 |
| S3-3-11-RW-5 | FL | 44.124 | 44.118 | -7 | -3.2 | -3.7 |
| | FR | 43.831 | 43.824 | -8 | -3.2 | -4.3 |
| S3-3-11-RE-5 | FL | 43.183 | 43.178 | -5 | -3.2 | -2.0 |
| | FR | 43.515 | 43.513 | -3 | -3.2 | 0.5 |
| S3-3-11-RW-6 | FL | 44.182 | 44.178 | -4 | -3.7 | -0.5 |
| | FR | 43.892 | 43.889 | -3 | -3.7 | 0.9 |
| S3-3-11-RE-6 | FL | 43.131 | 43.130 | -1 | -3.7 | 2.5 |
| | FR | 43.464 | 43.459 | -5 | -3.7 | -1.8 |
| S3-3-11-RW-7 | FL | 44.247 | 44.243 | -4 | -3.3 | -1.1 |
| | FR | 43.970 | 43.968 | -2 | -3.3 | 1.4 |
| S3-3-11-RE-7 | FL | 43.069 | 43.064 | -6 | -3.3 | -2.3 |
| | FR | 43.400 | 43.398 | -2 | -3.3 | 0.9 |

T 构拼装完成后测量结果  表 3-6

| 节段号及测点 | | 节段拼装高程(m) | 当前高程(m) | 变化量(mm) | 理论变化(mm) | 差值(mm) |
|---|---|---|---|---|---|---|
| S3-3-11-RW-1 | FL | 43.904 | 43.901 | -3 | -2.3 | -0.9 |
| | FR | 43.585 | 43.585 | -1 | -2.3 | 1.8 |
| S3-3-11-RE-1 | FL | 43.400 | 43.395 | -6 | -2.3 | -3.4 |
| | FR | 43.730 | 43.728 | -2 | -2.3 | 0.6 |
| S3-3-11-RW-2 | FL | 43.952 | 43.949 | -4 | -2.9 | -0.8 |
| | FR | 43.640 | 43.634 | -7 | -2.9 | -3.9 |
| S3-3-11-RE-2 | FL | 43.350 | 43.347 | -3 | -2.9 | 0.0 |
| | FR | 43.682 | 43.675 | -5 | -2.9 | -2.0 |

续上表

| 节段号及测点 | | 节段拼装高程(m) | 当前高程(m) | 变化量(mm) | 理论变化(mm) | 差值(mm) |
|---|---|---|---|---|---|---|
| S3-3-11-RW-3 | FL | 44.007 | 44.003 | −5 | −3.6 | −1.3 |
| | FR | 43.701 | 43.693 | −9 | −3.6 | −5.3 |
| S3-3-11-RE-3 | FL | 43.295 | 43.289 | −6 | −3.6 | −2.9 |
| | FR | 43.631 | 43.624 | −8 | −3.6 | −4.1 |
| S3-3-11-RW-5 | FL | 44.124 | 44.118 | −6 | −5.7 | −0.8 |
| | FR | 43.831 | 43.825 | −7 | −5.7 | −1.2 |
| S3-3-11-RE-5 | FL | 43.183 | 43.177 | −7 | −5.7 | −1.0 |
| | FR | 43.515 | 43.511 | −5 | −5.7 | 1.0 |
| S3-3-11-RW-6 | FL | 44.182 | 44.176 | −7 | −7.0 | 0.2 |
| | FR | 43.892 | 43.887 | −5 | −7.0 | 1.8 |
| S3-3-11-RE-6 | FL | 43.131 | 43.127 | −5 | −6.9 | 2.2 |
| | FR | 43.464 | 43.457 | −7 | −6.9 | −0.4 |
| S3-3-11-RW-7 | FL | 44.247 | 44.239 | −9 | −7.4 | −1.1 |
| | FR | 43.970 | 43.965 | −5 | −7.4 | 1.9 |
| S3-3-11-RE-7 | FL | 43.069 | 43.063 | −7 | −7.4 | 0.4 |
| | FR | 43.400 | 43.394 | −7 | −7.4 | 0.4 |
| S3-3-11-RW-8 | FL | 44.311 | 44.303 | −9 | −4.9 | −3.7 |
| | FR | 44.035 | 44.028 | −8 | −4.9 | −2.8 |
| S3-3-11-RE-8 | FL | 43.015 | 43.011 | −5 | −4.9 | 0.2 |
| | FR | 43.339 | 43.334 | −6 | −4.9 | −0.8 |
| S3-3-11-RW-9 | FL | 44.365 | 44.360 | −6 | −1.2 | −4.6 |
| | FR | 44.101 | 44.095 | −7 | −1.2 | −5.4 |
| S3-3-11-RE-9 | FL | 42.947 | 42.944 | −3 | −1.2 | −1.8 |
| | FR | 43.275 | 43.272 | −4 | −1.2 | −2.3 |

从表 3-4 ~ 表 3-6 中可以看出,5 号节段安装之前,由于线刚度较大,参数误差引起的计算模型与实测值的偏离相对较小。5 号节段安装之后,误差逐渐增大,但总体来说并无明显规律且绝对值较小,说明根据施工方提供的混凝土弹性模量和节段梁自重修正模型之后,总体计算结果准确可靠、与实际情况较为符合。

针对施工过程中的误差,通过加强施工管理、细化作业要求,可提升误差控制水平:

(1)严格墩顶块安装精度,按高要求、高标准施工,甚至做到超越规范要求的精度标准。

(2)在节段胶拼过程中,严格控制涂胶工艺和临时预应力张拉工艺,保证涂胶层厚度的一致性。

(3)加强测量。勤观测、严格安装规章制度进行测量,保证数据的有效性。

### 3.2.5 常见问题总结提升

1)墩顶节段施工总结

现场情况分析:

(1)墩顶预留钢筋与墩顶块现浇部分预留钢筋及部分体外预应力管道存在冲突。

(2)墩顶块现浇钢筋焊接量大,且作业面狭小,施工效率偏低。

(3)墩身交验不及时,牛腿预埋件高程、尺寸与设计不符,支座垫石预留孔偏位。

应对措施:

(1)精确定位墩顶预留钢筋并梳理调直,控制墩顶块现浇部分预留钢筋预埋位置,适当错开与墩顶预留钢筋的位置,提前确定墩顶钢筋与体外预应力管道冲突范围并进行切除,在墩顶块吊装完成后,按设计要求恢复。

(2)施工作业人员按一定时间进行轮换作业,加强内腔通风,改善施工作业环境。

(3)墩身交验按照相关会议明确的交验计划和交验程序进行,同时加强与本单位其他标段的沟通协调,做到提前发现问题、提前处理问题、提前交验墩身。

2)T构悬拼施工总结

现场情况分析:

(1)旋转吊具取电方式不合理。

(2)现场地质条件差,桥下梁场地受限,吊梁时间过长。

(3)因0号块节段长度偏短,导致1号块拼装就位困难。

(4)1号块临时预应力穿过0号块对拉操作难度大。

(5)体内预应力孔道直径偏小,穿束困难,尤其体现在腹板下弯束。

(6)腹板束下弯,千斤顶属于反向装顶,且受腹板厚度限制,槽口宽度小于千斤顶直径,需增加撑脚引出槽口区张拉,施工操作困难。

(7)吊具尺寸大于合龙口宽度,不能从合龙口位置桥下提梁,只能从T构端头提升合龙块至桥面后旋转下放,旋转空间受限,合龙作业缓慢。

应对措施:

(1)对旋转吊具增设接线桶,从天车上接电,解决了取电问题。

(2)增大桥下运梁车就位区域,尽量靠近节段梁安装位置,缩短天车运行距离。

(3)改变天车限位装置的安全距离,使1号块相对较易就位安装。

(4)将穿过0号块的临时预应力拉杆,由原有的一根通长变为两段,方便现场临时预应力拉杆的张拉和安拆。

(5)积极与设计沟通,增大波纹管直径,便于后期穿索顺利;对前期已制梁段,加强预应力管道疏通检查,并在管口位置做倒角,减少穿索在拼缝位置出现卡顿现象;穿索由以前的逐索依次穿改为两束同时穿,缩短穿索时间,穿索时间约为原来的一半。

(6)在张拉平台上对千斤顶挂点位置进行调整,优化撑脚结构,变为2~3段组合式撑脚,减小了单个撑脚重量,便于现场操作。

(7) 现场更改吊具尺寸,使其小于合龙块,便于合龙块直接吊装。

3) 中跨合龙施工总结

现场情况分析:

(1) 中跨合龙束张拉合格率偏低,智能张拉机限位板上部与锚具上部未紧密贴合,导致钢束下部先受力,上部后受力,后受力钢束在整体钢束受力抱紧的情况下钢束间摩阻力较大,造成钢束上部预应力损失较大。

(2) 合龙口两侧锚头占用合龙空间,影响合龙块下放。

应对措施:

(1) 采用木楔塞垫千斤顶尾部,使智能张拉机限位板与锚具整体紧密贴紧。

(2) 将合龙块两侧锚头往梁体内移动适当距离,减少对合龙空间的占用,便于落梁。

4) 其他常见问题及建议

(1) 少数湿接缝两侧梁段水平和高程错台。

节段梁拼装施工过程中,在T构与边跨悬挂接触的位置,少部分湿接缝两侧箱梁存在水平和高程错台,其造成原因主要如下:

①中墩墩顶块调位精度不够,导致T构线形偏差;

②T构预应力张拉以及坡度,会对节段梁线形产生一定的影响;

③边跨悬挂湿接缝临时锁定型钢受力变形以及焊缝脱落,直接影响节段梁拼装线形;

④边跨悬挂调位过程中,悬挂吊杆的安装位置以及对精轧螺母的预紧力采用人工预紧,预紧力不同也会对节段梁线形产生影响。

结合本项目实际,给出建议如下:

①加强把控中墩墩顶块的调位精度,尽量保证零偏差;

②湿接缝定位型钢采用较大型号型钢,且保证焊缝焊接良好,在节段梁架设过程中保证焊缝不脱落;

③边跨悬挂调位过程中,悬挂吊杆均在自身重力作用下保持竖直位置,悬挂吊杆,预紧力采用张拉设备进行预紧,保证每根悬挂吊杆受力均匀。

(2) 少数拼缝结构胶不饱满,有渗水现象。

针对节段梁拼装拼缝不饱满现象,主要造成原因如下:

①节段梁拼装过程中,由于采用人工涂抹,可能存在结构胶涂抹不均匀,导致拼缝位置结构胶不饱满,存在少数拼缝渗水现象;

②由于工期比较紧张,且广东地区降雨较多,夏季雨量比较大,现场存在下雨时节段梁拼装施工情况,此时梁段端面本身含水湿润,结构胶遇水粘接性不足,存在结构胶掉落现象,从而导致拼缝不饱满。

结合本项目实际,给出建议如下:

①节段梁拼装过程中,在结构胶涂抹完成后,在拼缝位置加厚结构涂抹厚度,保证拼缝位置结构饱满;

②节段梁拼装施工尽量避开雨天施工,且保证梁断面干燥,若梁端面存在局部含水情况,用吹风机吹干梁断面,然后再进行结构胶涂抹施工。

(3) 临时钢齿坎较重、耗费工时,需改进。

①钢齿坎加工需要大量钢材,增加了工程成本;
②临时预应力采用钢齿坎,钢齿坎需出梁前安装完成,消耗大量人工;
③梁段安装完成后,须对钢齿坎孔洞进行封堵,孔洞封堵工作量较大,且翼缘板封堵模板安装工作难度较大,孔洞内壁比较光滑,孔洞封堵后新旧混凝土粘接性能较差,可能存在渗水现象。

结合本项目实际,给出建议如下:
临时预应力取消钢齿坎,采用剪力锥形式,剪力锥安装和拆除施工简单、方便,且剪力锥预留孔洞未贯穿梁段,孔洞封堵不需安装模板,封堵工作比较简单,且封堵效果较好。

## 3.3 节段梁接缝处预应力管道密封新技术

节段梁接缝密封质量是短线匹配法预制拼装桥梁的主要技术关键点之一,在短线法预制节段施工的预应力混凝土桥梁中,接缝通过剪力键和导向键进行连接,没有设置普通钢筋。因此,当节段拼装体外预应力混凝土梁承受荷载超过接缝的开裂荷载时,其接缝开裂,进而影响体内预应力束真空灌浆的质量,并引起接缝处预应力钢束的耐久性问题,所以接缝是整个短线预制拼装结构中的薄弱环节。因此,为增强桥梁的耐久性,有必要对节段梁接缝密封性问题进行研究。

在节段梁接缝密封技术方面,目前通常采用环氧树脂湿接缝的形式,接缝处预应力孔道的密封处理效果、胶-混凝土黏结性能对预应力钢束及预制节段梁的耐久性具有重要影响。当前接缝处预应力孔道密封通常采用橡胶(海绵)垫圈的形式,这种形式对精确对接施工的要求高而且减少了胶的用量,容易出现透气渗水的孔隙或缝隙,降低耐久性。因此,当前迫切需要开发一种更好的接缝密封措施或接缝密封装置,确保节段梁接缝施工的质量。

### 3.3.1 预制节段梁接缝间新型预应力管道密封装置

南沙大桥项目提出了一种新型接缝处预应力管道密封装置。该装置利用橡胶圈良好的弹性和水密性优点,在连接相邻两预应力孔道的同时,能够有效提高管道密闭性,降低跑浆漏浆病害发生的概率,为解决预应力管道露浆问题提供新的途径。

#### 3.3.1.1 构造及工作原理

预制节段接缝间新型预应力管道密封装置由5部分构成:筒形部、定位环、密封环、顶推环及扣帽,具体如图3-35所示。

该装置的工作原理是在节段梁预制阶段,在前一个节段的波纹管的后端连接环芯,将定位环套设于筒形部并与筒形部紧密配合,将筒形部穿过后端模板的限位孔,并使定位环与限位孔紧密配合。将扣帽连接至后一个节段波纹管的前端,将扣帽扣合于前一个节段的筒形部,扣帽与前一个节段的定位环紧密配合。在节段拼装阶段,将顶推环和密封环套设于前一个节段的筒形部,将后一个节段的扣帽扣合于筒形部,以使密封环在顶推环的推动下沿所述圆锥段和第二圆筒段滑动并膨胀变形,进而封闭扣帽和第二圆筒段之间的空间,实现波纹管的精确定位。

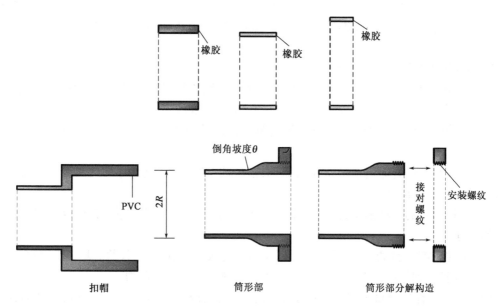

图 3-35　密封装置设计示意图

#### 3.3.1.2　顶推过程力学性能分析

由新型预应力管道密封装置的工作原理可知,该装置的安装存在顶推安装过程,因此需对节段施加一定的临时预应力,以完成节段拼装,最终完成张拉永久预应力及灌浆工艺。因此,新型预应力管道密封装置在临时预应力的作用下是否能够顶推挤压成功,是决定装置密封工艺成败的关键因素。《预应力混凝土桥梁预制节段逐跨拼装施工技术规程》(CJJ/T 111—2006)中规定张拉临时预应力不低于 0.3MPa。

新型接缝密封装置的挤压过程及顶推完成状态如图 3-36 所示。需对顶推挤压过程进行力学分析,确定对装置挤压力大小的影响因素。对于密封装置,其顶推挤压力的大小主要取决于 3 个方面:密封橡胶圈的弹性模量(硬度)、筒形部的过渡区坡度及橡胶圈材料与 PVC 材料之间的摩擦系数。因此,下面分析其对密封装置顶推挤压力的影响规律。

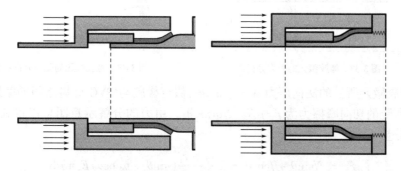

图 3-36　装置挤压过程及顶推完成状态示意图

1）简化模型分析

根据封闭装置的力学性能，取定密封橡胶圈上的一个微元 $ds$ 为分析对象，在挤压过程中的任意时刻，该微元的受力分析如图 3-37 所示。微元的初始状态为状态 I，半径为 $r_1$；顶推过程中任意时刻状态为状态 II，在该时刻微元的曲率转角为 $\theta$，半径为 $r_2$，微元所受的压力为 $N$，摩擦力为 $f$。

2）顶推过程挤压力分析步骤

为了对装置顶推的全过程进行分析，同时考虑到装置几何尺寸设计的系列变化，这里给出一种基于数值积分的顶推过程挤压力分析方法，主要实现步骤如下：

（1）将橡胶圈离散化若干段相同长度的微元，每段长度取为 $ds$，记录各橡胶圈微元的位置信息。

（2）将橡胶圈位置递增一个微元长度，根据接触面的几何信息，计算此时橡胶圈各微元的当前半径 $r_2$ 及倾角 $\theta$ 信息。

（3）根据建立的计算模型，计算各微元的顶推力，构成顶推力向量，加和得到整个密封橡胶圈的顶推力。

（4）将橡胶圈位置再次递增一个微元长度，进入下一位置的计算，重复步骤（2）、步骤（3），逐步计算得到橡胶圈在整个顶推过程中所需施加的最小控制力。

假定橡胶的弹性模量为 $E_r$，通过为微元的初始状态和变形状态进行分析，可知微元的环向应变和应力为：

$$\varepsilon_h = \frac{\Delta l}{l} = \frac{2\pi r_2 - 2\pi r_1}{2\pi r_1} = \frac{r_2 - r_1}{r_1} \tag{3-5}$$

取微元的横剖面，其受力分析如图 3-38 所示。假定橡胶微元的厚度为 $h$，且环向受力均匀，由力的平衡，可以得到微元的法向压应力 $p$ 为：

$$2\sigma_h h = \int_0^\pi p r_2 \sin\theta d\theta = 2p r_2 \tag{3-6}$$

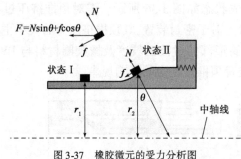

图 3-37　橡胶微元的受力分析图

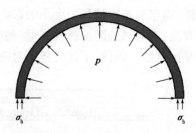

图 3-38　橡胶微元的受力分析示意图

因此，橡胶微元所受的法向压力 $N = 2p\pi r_2 ds$，假定橡胶与 PVC 材料之间的摩擦系数为 $\mu$，则橡胶微元所受的切向摩擦力为 $f = \mu N = 2\mu p \pi r_2 ds$。由力的分解示意图可以得到橡胶微元所受的水平力分量为：

$$F_l = N\sin\theta + f\cos\theta = 2\frac{r_2 - r_1}{r_1}(\sin\theta + \mu\cos\theta)E_r \pi h ds \tag{3-7}$$

通过对顶推过程中任意位置的橡胶圈沿接触面积分,得到橡胶圈顶推过程中在各位置处所需施加的最小顶推力 $F$,其中,$r_2$ 和 $\theta$ 为与橡胶圈所在位置相关的接触面几何参数:

$$F = \int_{0 \to l} F_l = \int_{0 \to l} 2 \frac{r_2 - r_1}{r_1} (\sin\theta + \mu\cos\theta) E_r \pi h ds \qquad (3\text{-}8)$$

### 3.3.2　新型接缝密封装置关键参数影响分析

为准确模拟预应力管道密封装置顶推过程的应力变化情况,进而对封闭装置关键参数进行研究,利用大型有限元分析软件 ANSYS 建立密封装置的有限元模型,具体如图 3-39 所示。

1)橡胶圈的弹性模量

橡胶圈作为封闭装置的重要元件,需对橡胶圈的弹性模量对挤压过程中挤压力的影响进行分析。为了便于进行对比分析,这里取定微元的长度为 0.1mm,通过改变橡胶圈的弹性模量(2~10MPa)来分析挤压力,计算结果如图 3-40 所示。

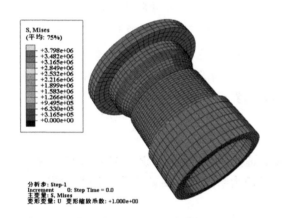

图 3-39　密封装置有限元模型　　　　图 3-40　不同橡胶弹性模量下的挤压应力曲线

由图 3-40 可知,顶推过程中,封闭装置所需要的挤压应力随着橡胶弹性模量的增加而增加。在整个顶推过程中,顶推距离 0~10mm 时,橡胶开始与封闭装置接触,所需挤压应力不断增加;10~20mm 为筒形部过渡坡度最大位置,此时挤压应力增速迅速增加;超过 20mm 后,增速减慢,但整体能呈现上升趋势;当顶推距离超过 40mm 后,顶推过程基本完成,此时挤压应力达到峰值,最大应力为 0.2MPa。因此,挤压应力大小与橡胶弹性模量密切相关。

2)筒形部过渡坡度

考虑筒形部过渡坡度对挤压力的影响,取定微元的长度为 0.1mm,通过改变筒形部过渡坡度(10°~60°)来分析不同工况下的挤压力,计算结果如图 3-41 所示。通过分析可知,过渡区坡度对挤压力具有显著的影响,总体来看,过渡区坡度增大会增大所需最小挤压力。同时,较小的坡度会引起橡胶的扩充变形小,从而在顶推完成状态下,橡胶圈的密封摩擦力也较小,在外界的扰动下发生橡胶圈的滑动松弛,影响密封效果,因此,过渡区的坡度设计建议为30°~45°。同时,需要注意,过渡区坡度设计也受摩擦系数的影响,具体装置设计时需要根据选用装置摩擦参数的不同进行具体比对分析。

### 3)橡胶-PVC 摩擦系数

考虑橡胶-PVC 摩擦系数对挤压力的影响,取定微元的长度为 0.1mm,橡胶圈的弹性模量和筒形部过渡坡度固定,通过改变橡胶-PVC 摩擦系数(0.1~0.9)来分析不同工况下的挤压力,计算结果如图 3-42 所示。

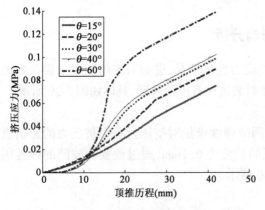

图 3-41 不同过渡区坡度下的挤压应力曲线　　图 3-42 不同过渡区坡度下的挤压应力曲线

可以看出,界面摩擦系数对挤压力具有显著的影响,当摩擦系数较大时,最小挤压力急剧增大,如果筒形部的过渡区坡度较大,将增大最小挤压力的需求。在密封装置的挤压施工过程中,可采取适当措施(如界面涂润滑剂)来减小装置的界面摩擦,以保证装置的正常顶推。

### 3.3.3 密封效果试验分析

为测试新型装置选取材料及元件设计尺寸的适用性,对新型接缝密封装置与传统方法(密封垫圈加涂胶)的密封效果进行对比,对新型预应力管道密封装置进行真空度现场试验。

1)试件选取

选定测试试件为长 70cm、宽 45cm、高 45cm 的矩形截面混凝土块,共制作 2 组 6 个试件。试件的混凝土材料选用 C50;预应力钢绞线标准强度为 1860MPa,直径为 15.2mm。两组对比试件的试验方案见表 3-7。新型密闭装置与传统方案对比如图 3-43 所示。

两组对比试件的试验方案　　　　　　　　表 3-7

| 试件编号 | 试验特征 | 测试内容 |
| --- | --- | --- |
| A | 新型接缝密封装置 | 真空度 |
| B | 3mm 厚垫圈密封 | 真空度 |

2)试件制作与准备

测试试件 A 制备过程为以下步骤:

(1)按照设计试件的尺寸,分节段准备支护模板,其中模板上按照预应力钢束设计位置预留孔洞;

(2)布置节段模板,波纹管后端连接设计的新型密封装置的环芯、筒形部及定位环;

(3)浇筑节段的混凝土,完成养护;

(4)按照上述步骤分别完成 3 个试件的制作。

对比试件 B 的制备过程与测试试件 A 相似,仅是步骤(2)中波纹管后端无密封装置。

a)新型方案模板及波纹管

b)传统方案模板及波纹管

图 3-43　新型密闭装置与传统方案对比

3)密封装置性能测试步骤

测试试件 A 密封性能测试步骤如下:

(1)按照设计要求制作 3 个试验试件;

(2)将 3 个试验试件按照拼装位置摆放就位,将橡胶密封环套在第一圆筒段上根部,将顶推环毗邻密封环套在第一圆筒段上;

(3)在节段接触面上分别涂抹 3mm 厚环氧黏结胶;

(4)将后一节段的圆筒部对应插入前一节段的扣帽内,预应力钢绞线依次穿过 3 个试件节段的波纹管;

(5)测试张拉前的真空度值;

(6)采用千斤顶在一端张拉预应力钢束,张拉应力为设计临时张拉应力;

(7)试件一端抽真空进行孔道密封性能试验,读取预应力孔道的真空度值。

对比试件 B 的测试试验过程与测试试件 A 大同小异,在此不做重复叙述。

4)试验结果分析

通过上述试验步骤,分别对测试试件 A 和对比试件 B 进行密闭性对比试验,试验过程中重复进行 6 次,测试结果如图 3-44 所示。

通过本次现场试验测试,顺利完成密封装置的密封性测试,图 3-44 分别给出了两种接缝密封装置的真空度和持压时间试验测试结果。对于真空度,由试验数据可知,未采取新型设计密封装置的试件(采用密封垫圈密封),真空度最大值为 -0.068MPa;采用新型接缝密封装置后,试件的密封真空度最高达到 -0.08MPa,接近真空泵极限真空 -0.094MPa。证明新型密封装置较好保证了接缝连接处的封闭效果;对于持压时间,由试验数据可知,对于橡胶密封垫圈,持压时间最长约为 43s,而采用新型接缝密封装置的试件,持压最长时间 75s,持压时间增加约 74%,提升效果较为明显。

由以上分析可知,新型接缝密封装置与 3mm 厚的橡胶垫圈相比,有更好的密封性能。

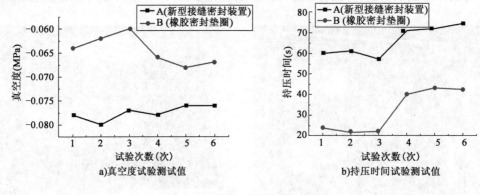

图 3-44 真空度和持压时间测试结果

## 3.4 节段梁施工全过程多功能几何控制协同管理平台研发

当前短线匹配法节段梁施工过程的管理存在的精细化水平不高、协同管理效率低、信息沟通不畅等问题,粗放式的建设管理模式,已不再适用于如今信息化时代。通过现有的软硬件技术手段,以互联网技术达到项目协同,最终完成南沙大桥引桥节段梁施工的精细化管理。大幅度加快工程进度,减少工程返工,大幅度提升项目协同能力,使得项目质量安全显著加强。

南沙大桥短线匹配法预制节段梁榀数众多,且不同梁段的几何姿态不一,节段梁预制拼装全过程中涉及海量异源监测数据,使得建造过程面临频繁的数据交互、数据质量的控制及数据的强关联性等管理难点。面对大规模的节段梁建造,如何对其进行几何监测信息、误差分析与线形调整数据、监控指令信息等多方面的协同组织管理,成为制约节段梁施工几何线形控制精度的重要难点。

为解决南沙大桥项目节段梁拼装几何线形控制精度的难题,高效对其几何监测信息进行多方面的协同组织管理,项目开发了面向节段梁拼装全过程的多功能几何控制协同管理平台。该平台基于网络数据库及可视化技术进行开发,集数据库管理、现场实测状态获取、指令发布、施工控制成果评估及展示等为一体,并能提供网络支持的核心服务器和智能客户端等,可彻底改变现阶段几何控制数据信息流转方式(如测量数据需经由测量人员发出,施工方、监理单位签认后,才能转至监控单位),实现监控数据实时共享、监控成果可视化展示;可实现预制、架设数据动态跟踪与实时更新;采取"数形合一"的数据采集和测量监控方式,形象表现施工误差状态,有利于加强现场管理;数据各方参建单位同步可见,提高管理效率,与设计 BIM 模型对接,实现建管养一体化。

### 3.4.1 平台总体架构

预制节段梁的类型固定,差别较小,每榀节段梁均根据全桥平曲线、竖曲线等设计参数,按照实际监控线形逐榀匹配预制。每榀节段梁可能结构类型类似,但是其三维空间坐标和空间姿态是唯一确定的,故每榀节段梁独一无二,不可替代;节段梁预制成型后逐块悬拼,拼装的过程单向不可逆,节段梁拼装过程中误差会被等比例不断放大。故在此过程中需要进行相应的施工监控,以控制预制梁段的应力和线形。

但目前的节段梁拼装施工监控多基于二维模式进行工作,即现阶段的管理模式下施工监控的运作模式为监控人员去现场采集数据,记在随身携带的工作簿上,回到办公室再将数据录入到电子表格中,进行数据的整理分析。这些数据只是通过表格数据的形式展现,数据的分析也是通过月报等形式展现,这样会存在以下问题:

(1)对于监控人员来说同一组数据需要重复输入和处理,工作效率低;

(2)现场采集的数据只有在每个月的施工监控月报中才能看到,对于管理者来说,信息滞后,不利于做出决策;

(3)对于数据仅限于有限的人知道和了解,数据的真实性受到挑战;

(4)现场采集到的数据,对于非专业人士不易看懂,管理者更需要的是对数据分析的结果,例如监控指令。

针对以上问题,进行节段梁施工监控信息管理技术研究,研究的重难点在于:

(1)如何实现数据的及时便捷输入,以及"一次录入,多次重复使用";

(2)如何实现基于三维可视化模型监控数据的查询利用,使得监控数据和监控指令透明化,工程各方可以及时共享。

节段梁预制架设主要分为节段预制及节段架设。南沙大桥项目研发了节段梁施工全过程多功能几何控制协同管理平台(也简称为"平台"),采用基于网络平台的云计算监控与信息管理,可实现过程资料的云端存储、监测数据的云端分析、建造信息的云端流转,是一个"模式创新、技术支持、管理配合"的高度集成体。平台对项目概况、项目组织机构、工程进度及预制安装相关信息进行了录入。协同管理平台的总体构架如图3-45所示,拼装过程监控协同管理平台如图3-46所示。

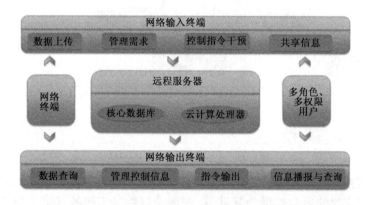

图3-45 协同管理平台的总体构架

同步开展了可置入系统平台算法的研究,将调整方法进行细化,为置入系统做准备。短线几何形状控制的核心算法通过相邻节段之间的几何关系控制达到对总体线形的控制。平台开发过程中的总体算法构架分为后台数据、核心算法、现场数据测量和指令输出四大部分。通过输入控制数据后的后台计算得到监控指令,形成数据与算法的储存与调用。基于云计算的平台算法构架如图 3-47 所示。

图 3-46 拼装过程监控协同管理平台

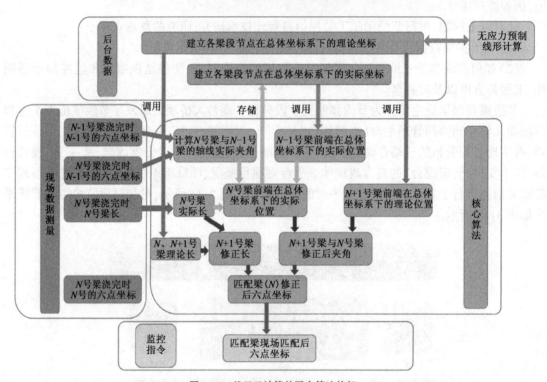

图 3-47 基于云计算的平台算法构架

其中,施工监控的关键算法研发分为预制算法研发和拼装算法研发两大部分。以误差调整算法为核心,以完善的后台数据为基础,在现场控制数据实测的基础上进行误差调整和修正,实现总体线形的控制。并将预制施工控制的计算方法内嵌进入云计算平台,可即时输出节段梁的线形调整指令。基于云计算的预制控制方法构架如图 3-48 所示。

拼装算法与预制方法并行,但拼装算法需要以预制结构的实际情况作为拼装控制起点,同时拼装算法需要增加目标偏差的估计。

测量人员通过录入现场实测数据建立后台数据库,可完整展示录入数据信息,预制及拼装监控指令通过对测量数据的自动计算后可一键出具,如图 3-49 所示。

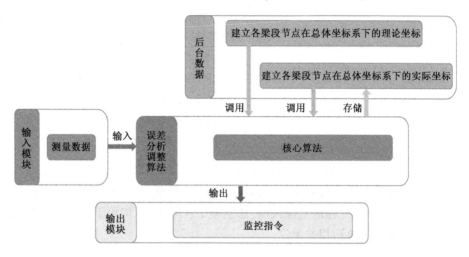

图 3-48 基于云计算的预制控制方法构架

数据导入 数据补充 预制实际导入 预制编号导入 施工数据导入 监控指令数据导入 施工数据导出 数据指派 业主指派 删除 检索

| 施工 | 节段ID | 标段 | 所在幅 | 联编号 | 跨编号 | 节段编号 | 首梁 | 尾梁 | 桩号 | 端模特征 | 理论桥长 | 状态 | 添加时间 | 操作 |
|---|---|---|---|---|---|---|---|---|---|---|---|---|---|---|
| S3标 | S3-4-1-RW-13 | S3 | RW | 4 | 1 | 13 | 否 | 否 | K5+318.272~K5+321.522 | | 3.25米 | 未计算 | 2015年11月04日 | 查看 编辑 |
| S3标 | S3-4-1-RW-12 | S3 | RW | 4 | 1 | 12 | 是 | 否 | K5+321.722~K5+324.197 | | 2.475米 | 已完成 | 2015年11月04日 | 查看 编辑 |
| S3标 | S3-4-1-RW-11 | S3 | RW | 4 | 1 | 11 | 否 | 否 | K5+324.197~K5+326.672 | 1 | 2.475米 | 已完成 | 2015年11月09日 | 查看 编辑 |
| S3标 | S3-4-1-RW-10 | S3 | RW | 4 | 1 | 10 | 否 | 否 | K5+326.672~K5+330.172 | | 3.5米 | 已完成 | 2015年11月04日 | 查看 编辑 |
| S3标 | S3-4-1-RW-9 | S3 | RW | 4 | 1 | 9 | 否 | 否 | K5+330.172~K5+333.672 | | 3.5米 | 已完成 | 2015年11月04日 | 查看 编辑 |
| S3标 | S3-4-1-RW-8 | S3 | RW | 4 | 1 | 8 | 否 | 否 | K5+333.672~K5+337.172 | | 3.5米 | 未计算 | 2015年11月04日 | 查看 编辑 |
| S3标 | S3-4-1-RW-7 | S3 | RW | 4 | 1 | 7 | 否 | 否 | K5+337.172~K5+340.172 | | 3米 | 未计算 | 2015年11月04日 | 查看 编辑 |
| S3标 | S3-4-1-RW-6 | S3 | RW | 4 | 1 | 6 | 否 | 否 | K5+340.172~K5+343.172 | | 3米 | 未计算 | 2015年11月04日 | 查看 编辑 |
| S3标 | S3-4-1-RW-5 | S3 | RW | 4 | 1 | 5 | 否 | 否 | K5+343.172~K5+346.672 | | 3.5米 | 未计算 | 2015年11月04日 | 查看 编辑 |

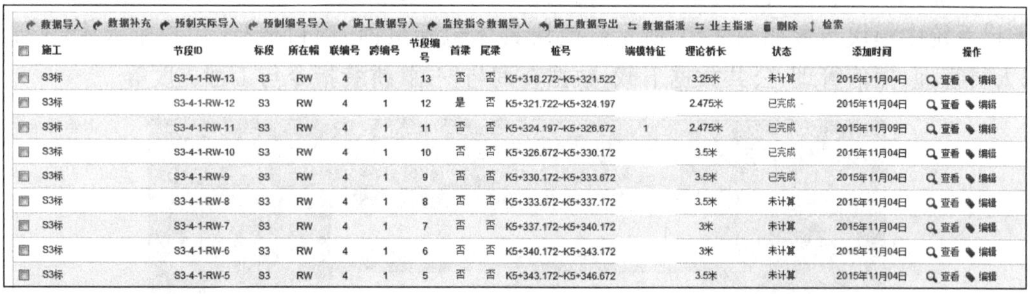

图 3-49 云平台的控制界面

在满足监控的基本需求的基础上,对平台的功能进行延拓,并进行系统用户角色的划分,可以满足参建各方的协同管理需求;按照各单位的不同工作要求进行角色与功能的划分,可以满足各单位共同实现节段梁预制拼装过程的信息化管理的工作。用户参与角色划分如图 3-50 所示。

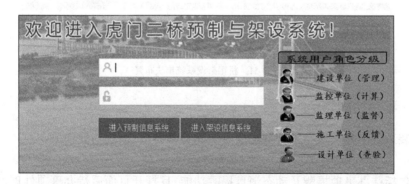

图 3-50 用户参与角色划分

在系统平台内,参建各方的具体权责和功能模块如表 3-8 所示,明确了各单位职责及任务。

各用户角色功能　　　　　　　　　　　　　　　　　表 3-8

| 建设单位 | 成果查看、质量评估、总体管控等 |
|---|---|
| 总监单位 | 成果查看、质量管控、质量考核等 |
| 驻地监理单位 | 成果查看、数据审核、施工管理、监督等 |
| 设计单位 | 成果查看、质量评估、发布通告等 |
| 监控单位 | 指令计算、控制分析、指令发布 |
| 施工单位 | 数据上传、指令下载、内部管控等 |

平台的构建实现实时化及可视化,提高了工作效率,降低了人员材料成本;每日系统自动生成质量分析评价报告一份;驻地监理人员、总监理工程师、业主均可下发管理监督指令;管理指令系统可自动发送短信通知相关单位。

### 3.4.2 平台模块布置

多功能几何控制协同管理平台完成构建,并按照节段需要分为预制及架设信息系统。桥梁架设系统中模块布置如图 3-51 所示。模块具体包括桌面、项目概括、用户个人中心、通讯录、人员管理、短信管理、公共数据下载、数据查询与挖掘、拼装指令与工程进度等。

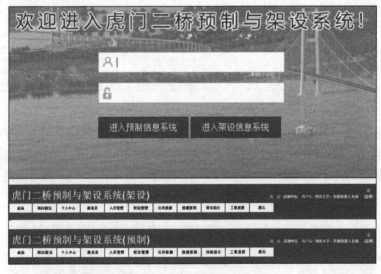

图 3-51　桥梁架设系统模块布置

### 3.4.3 平台功能特色

桥梁拼装系统中各模块布置合理且满足实际管理需求,模块功能如下:
1)桌面

如主要包括待办事项提醒及动态消息提醒功能,且打开页面后待办事项处理被置顶显示,起到快速处理及提醒功能。动态消息功能实现工作内容推送提醒、检测数据发布提醒、施工工序完成提醒。

2)项目概况

将整体项目概况录入系统平台,可直观展示项目规模,便于访问者进入系统后对项目有所了解。

3)通讯录

系统对于各单位主要联系人员职务及联系方式录入,实现人员的高效信息交互,有效提高管理效率。

4)短信管理

如图3-52所示,针对不同工况及不同单位对于办事类型都有针对性的短信模块,系统化短信通知,大幅节约时间及提高工作效率;实现海量数据的高效流转与充分利用。形成“多方参与、各负其责、数尽其用(全面的数据挖掘)”的管理格局。

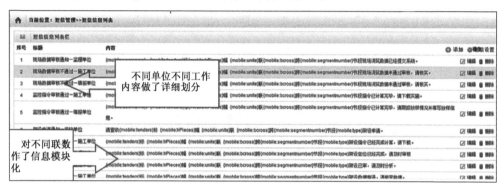

图3-52 短信管理

5)数据查询

如图3-53所示,通过移动端或者Web端采集完成信息之后,信息会及时传递到数据库,进而在Web进行施工监控可视化信息的管理。具体而言,可以在Web端查询预制阶段的梁段基本信息和施工监控信息。针对节段梁施工监控过程中产生的大量数据,实现无纸化储存于云端,内容信息详尽,且方便查找及时解决问题。

当前位置：节段梁信息管理模块>>节段梁信息列表

数据导入 数据补充 预制实际导入 预制编号导入 施工数据导入 监控指令数据导入 施工数据导出 数据指派 业主指派 删除 检索

| 施工 | 节段ID | 标段 | 所在幅 | 联编号 | 跨编号 | 节段编号 | 首梁 | 尾梁 | 桩号 | 端模特征 | 理论桥长 | 状态 | 添加时间 | 操作 |
|---|---|---|---|---|---|---|---|---|---|---|---|---|---|---|
| S3标 | S3-4-1-RW-13 | S3 | RW | 4 | 1 | 13 | 否 | 否 | K5+318.272~K5+321.522 | | 3.25米 | 未计算 | 2015年11月04日 | 查看 编辑 |
| S3标 | S3-4-1-RW-12 | S3 | RW | 4 | 1 | 12 | 是 | 否 | K5+321.722~K5+324.197 | | 2.475米 | 已完成 | 2015年11月04日 | 查看 编辑 |
| S3标 | S3-4-1-RW-11 | S3 | RW | 4 | 1 | 11 | 否 | 否 | K5+324.197~K5+326.672 | 1 | 2.475米 | 已完成 | 2015年11月09日 | 查看 编辑 |
| S3标 | S3-4-1-RW-10 | S3 | RW | 4 | 1 | 10 | 否 | 否 | K5+326.672~K5+330.172 | | 3.5米 | 已完成 | 2015年11月04日 | 查看 编辑 |
| S3标 | S3-4-1-RW-9 | S3 | RW | 4 | 1 | 9 | 否 | 否 | K5+330.172~K5+333.672 | | 3.5米 | 已完成 | 2015年11月04日 | 查看 编辑 |
| S3标 | S3-4-1-RW-8 | S3 | RW | 4 | 1 | 8 | 否 | 否 | K5+333.672~K5+337.172 | | 3.5米 | 未计算 | 2015年11月04日 | 查看 编辑 |
| S3标 | S3-4-1-RW-7 | S3 | RW | 4 | 1 | 7 | 否 | 否 | K5+337.172~K5+340.172 | | 3米 | 未计算 | 2015年11月04日 | 查看 编辑 |
| S3标 | S3-4-1-RW-6 | S3 | RW | 4 | 1 | 6 | 否 | 否 | K5+340.172~K5+343.172 | | 3米 | 未计算 | 2015年11月04日 | 查看 编辑 |
| S3标 | S3-4-1-RW-5 | S3 | RW | 4 | 1 | 5 | 否 | 否 | K5+343.172~K5+346.672 | | 3.5米 | 未计算 | 2015年11月04日 | 查看 编辑 |
| S3标 | S3-4-1-RW-4 | S3 | RW | 4 | 1 | 4 | 否 | 否 | K5+346.672~K5+350.172 | | 3.5米 | 已完成 | 2015年11月04日 | 查看 编辑 |

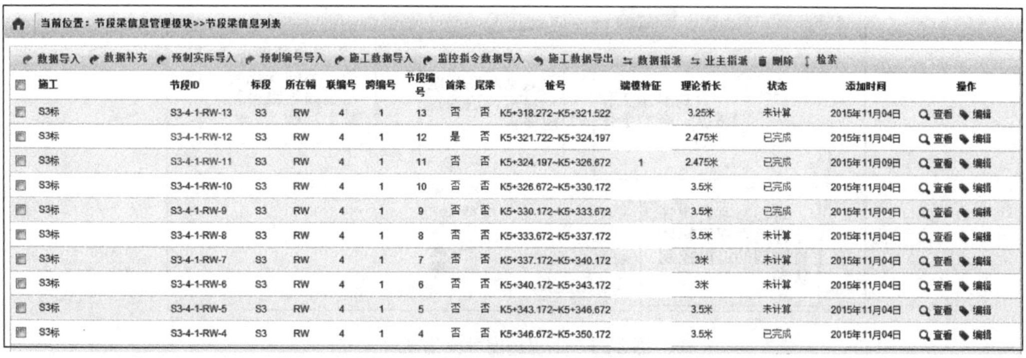

图3-53 数据查询

6)数据挖掘

基于对已拼装完成的所有节段的预制偏差统计,得到节段梁预制质量控制的合理标准,区别于传统数据经验给出指标的方式,使标准的建立更加科学。

7)监控流程及数据管理

如图3-54所示,该模块可进行监控数据的在线填报与审核、智能云计算自动生成监控预报、误差超限自动提示、检测数据图表显示及检测结果可视化显示。监控指令可根据现场实际测量结果一键计算,并一键导出监控指令文件。

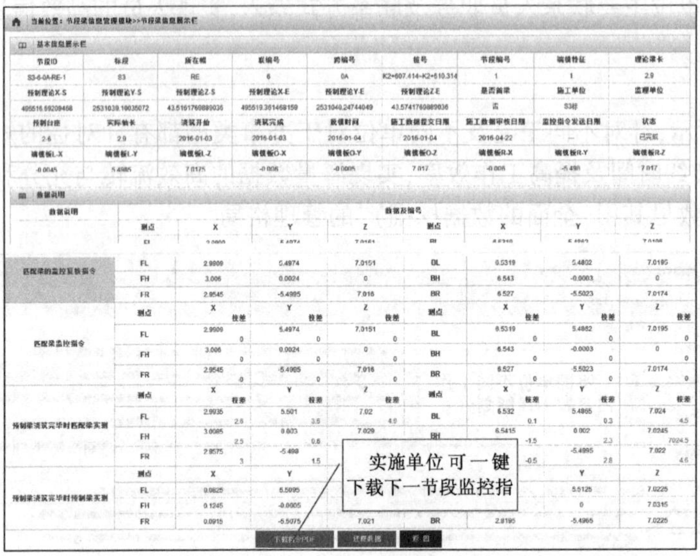

图 3-54 监控流程及数据管理

8)工程进度可视化显示

如图3-55所示,误差统计功能对已架设阶段的误差进行了统计,可直观了解项目进度管理状态;进度形象图功能直观展示当前进度,有助于进度调整。线形高程图功能,以数据及图像信息展示当前节段梁线形状态;误差说明功能对不同尺度的误差进行了分级备注说明。

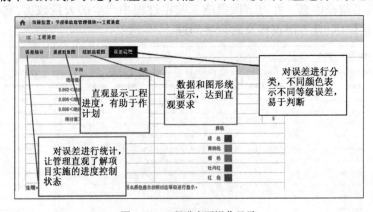

图 3-55 工程进度可视化显示

9)线形控制质量可视化显示

如图3-56所示,平台拥有直观的预制质量显示的功能,能够直观查看节段施工的总体线形情况。

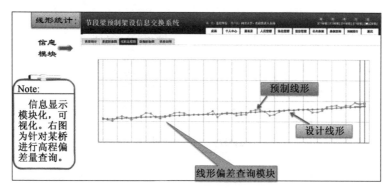

图 3-56　线形控制质量可视化显示

10）监控功能的管理模式

在平台里对监控的流程化管理进行了系统的开发与优化，将业主、施工单位、监控单位、建立单位和设计单位都纳入平台管理范围内，如图 3-57 所示。

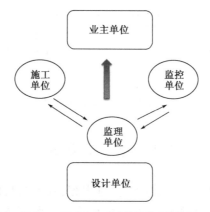

图 3-57　平台内各参建单位的总体规划

在施工过程中将按照图 3-58 所示的工作模式，完成各方的本职工作，并相互配合在平台中实现快速、精准的管理与数据流转，如图 3-59 所示。

图 3-58　各参建单位的职责

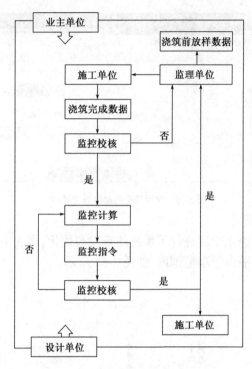

图 3-59 平台内置监控指令的流转方式

## 3.5 本章小结

几何控制是节段梁预制拼装线形控制的关键内容,其本质是根据施工顺序和施工方法正装和倒拆计算各工况下桥梁的线形变化,来确定各施工阶段下节段梁的精准空间定位。由于受混凝土弹性模量、梁体断面尺寸偏差、梁体自重偏差及预应力实际施加效果等不确定因素干扰,导致节段梁拼装线形与理论计算线形产生偏差。在施工多种因素干扰下,如何确保节段梁的拼装达到设计线形?成为保证南沙大桥引桥节段梁拼装质量的关键难题。节段梁接缝密封质量是短线匹配法预制拼装桥梁的主要技术关键点之一,当前短线预制拼装桥梁接缝密封性并不理想,导致当前预应力管道密封易出现跑浆漏浆问题,迫切需要研发一种新的预应力管道密封技术,来确保节段梁接缝施工的质量。此外,短线法预制节段梁的拼装施工管控中还需克服因工程规模大、节段数量多、节段匹配精度要求高等引发的施工数据链冗长复杂的突出难题。

南沙大桥项目在解决上述问题或难点的同时,分别形成了以下系列关键技术,有效确保了节段梁的拼装精度及质量。

(1)提出了短线匹配法节段梁施工全过程几何线形控制技术,以全过程自适应几何控制法为理论支撑,全覆盖预制、安装过程的线形控制。系统提出了预制节段梁在准备阶段、预制阶段和拼装阶段的施工控制内容、技术要点与工作流程,并给出了成桥线形误差控制与调整方法。

（2）自主研发了一种新型接缝处预应力管道密封装置，该装置利用橡胶圈良好的弹性和水密性优点，在有效连接相邻两预应力孔道的同时，能够显著提高管道密闭性，降低跑浆漏浆病害发生的概率，为解决预应力管道漏浆问题提供新的途径。

（3）构建了节段梁全过程多功能几何控制协同管理平台，采用基于网络平台的云计算监控与信息管理，实现了过程资料的云端存储、监测数据的云端分析、建造信息的云端流转，是一个"模式创新、技术支持、管理配合"的高度集成体。其基于网络数据库及可视化技术进行开发，集数据库管理、现场实测状态获取、指令发布、施工控制成果评估及展示等为一体，可彻底改变现阶段几何控制数据文件流转方式，实现几何监控数据实时共享、监控成果可视化展示。

为解决南沙大桥引桥节段梁的拼装施工难点而衍生的系列关键技术，具有理论上的先进性和前瞻性、技术上的可行性及普遍性，能够为高质量施工控制提供有力技术支撑，适用于短线匹配法节段梁拼装施工几何线形控制，其相关理论和方法可直接或移植用于类似大型复杂结构的施工控制。

# 第4章 东涌互通立交安全防护及施工关键技术

南沙大桥东涌互通立交工程面临多种复杂的跨线场景,且施工与周边环境的相互影响、相互制约较为突出。施工工艺众多,涉及工种、人员、机械设备较多,施工安全风险较大,安全施工与标准化管理困难。在大型互通立交工程施工中实现标准化管理,对施工工艺和技术等进行完善补充,使施工过程中的每个环节更加规范,以有效促进工程施工质量和施工效率的提高,并进一步提升复杂互通立交工程施工标准化水平。

本章全方位研究了涉及各种跨线类型、多种施工场景的跨线互通立交工程安全施工技术及标准化管理策略,分别形成了涉地铁施工安全防护工艺及装置研发、涉油气管线施工安全防护技术、上跨既有线路施工工艺及安全控制、下穿既有线路施工工艺及安全控制、跨线互通立交安全施工标准化管理等系列关键技术和管理经验。

## 4.1 总体概况

### 4.1.1 东涌互通立交简介

南沙大桥起点东涌互通立交为直连式半直连式混合型互通立交(图4-1)。桥位处地貌为珠江三角洲平原类型,地表淤泥、淤泥质粉质黏土层深达10~20m。在南沙大桥建设前,已完成1座高速公路主线桥(广珠北线)、4座公路匝道桥(B、C、F、G)、1座地铁高架桥、1座高铁高架桥、3条高压油气管线和多条高压电线的建设,新建的1座高速公路主线桥、4座公路匝道桥(A、D、H)需8次上跨既有高速公路、6次上跨3条高压油气管线、5次上跨地铁高架桥、1次下穿高铁高架桥、1次下穿高速公路高架桥并下穿11处万伏以上高压线,涉及挂篮悬浇、支架现浇、预制架设、顶推、吊装等14种施工工艺。该工程规模大、工期长、技术含量高、涉及面广、组织难度大。因工程结构复杂,施工工艺繁杂,堪称桥梁工艺博物馆。在施工的过程中与交警、路政等单位达成共识,做好既有线的交通组织和安全防护标准化后再进行施工。

### 4.1.2 建造难点

施工时既要保证地铁线的正常运营,又要克服无法在高压油气管线上方吊装施工的难题。主要建造难点如下:

(1)东涌互通立交被业内称为"桥梁工艺博物馆",施工环境复杂、施工工法众多、同时涉及多部门的协调配合,在这些多跨线场景、多施工工艺、多部门协同配合的情况下,如何实现互通立交的安全施工标准化管理,是急需解决的重要难题。

(2) 本项目施工需 5 次上跨日均客流 37.39 万人次、年客运量 13647.35 万人次的广州地铁 4 号线高架桥,历时 1 年半。地铁通过速度 80km/h,平均每 9min 经过一趟,运营时间为 6:00—23:15。受地铁运营时间限制,防护装置的安拆须快速、安全,且杂物不能掉入轨行区,常规的散搭散拼散拆无法满足施工要求。因此,如何最大限度地减少对地铁运营的影响,实现新建互通立交及轨道运营的双向同步安全防护,成为确保南沙大桥互通立交施工安全及质量的关键难题。

(3) 南沙大桥东涌互通立交区的主线桥和 A、H、D、E 四条匝道施工时横跨中石化石油管线、液化天然气管线、广州燃气管线等三条管线,施工风险大,危险源之多,一旦作业时未按方案和图纸施工或挖断管线的危险,可能造成管线爆炸、地铁、既有线的车辆等交通安全和生产事故,发生不可估量的后果。如何最大限度地减少对既有管线的影响,实现新建结构及周边环境的双向同步安全防护?成为确保南沙大桥涉油气管线施工安全及质量的重要难题。

(4) 互通立交区的主线桥和 A、H、D、E 条匝道都是上跨既有线,而且工艺众多,挂篮悬浇、钢壳吊装、预制梁架设、钢箱梁顶推施工等风险大,工艺烦琐。南沙大桥东涌互通立交工程跨线数量之多,跨线分布特征复杂。如何在保证既有路线正常运营的情况下,尽可能地实现结构施工的安全性与可靠性,成为上跨既有路线施工的大型工程建设亟待解决的重大难题。

(5) 下穿既有线工程具有施工项目多、施工技术复杂、施工周期长及周边环境影响因素多等特点,机械设备的运输与安装、既有线桥墩的实时量测与监控、同步注浆、人机环管等各系统均应配合协调。同时,在下穿路线的复杂条件下,施工过程中面临的不确定性安全风险因素较多,增加了施工安全风险管理的难度。因此,如何在保证既有路线正常运营的情况下,实现安全可靠的桥梁建造,成为下穿既有路线施工亟待解决的重大难题。

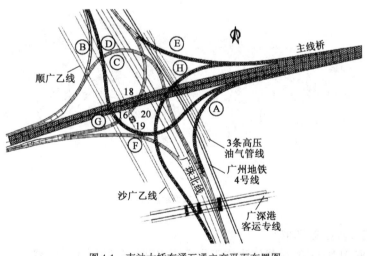

图 4-1 南沙大桥东涌互通立交平面布置图

## 4.2 涉地铁施工安全防护工艺及监控技术

在实际建设条件及建造难点的约束下,如何在保证地铁正常运营的情况下,尽可能实现结构施工的安全性与可靠性,成为涉地铁施工的大型工程建设亟待解决的重大难题。针对南沙大桥东涌互通立交的涉地铁施工安全建造难题,本节开展了涉地铁施工安全防护工艺新技术的研究,具体涉及防护装置的研发与安拆方案研究、监控方案决策、工程应用效果。系列关键技术可为同类型涉地铁施工大型互通立交工程的安全施工提供关键技术支持。

### 4.2.1 涉地铁施工安全防护装置

本项目施工需 5 次上跨日均客流 37.39 万人次、年客运量 13647.35 万人次的广州地铁 4 号线高架桥,历时 1 年半。地铁通过速度为 80km/h,平均每 9min 经过一趟,运营时间为 6:00—23:15。地铁高架桥采用接触轨带电,电压为直流 1500V,要求施工过程中一张纸、一粒沙、一颗螺钉都不能掉入运营区,地铁两侧各 30m 范围区域内属于涉地铁施工监控区。为保证施工安全,采取一种可移动的安全防护平台(图 4-2),具体介绍如下:

1)可移动的施工平台介绍

经研究确定在临线分项工程施工前采用可移动的安全防护平台 6 对轨行区进行保护,保护范围为上跨线投影面以下,且投影面两侧各外延 5~6m。在临线分项工程施工前,先在轨行区搭设可移动的安全防护平台,对轨行区进行围蔽保护,再组织各分项工程的施工。

如图 4-3、图 4-4 所示,可移动的安全防护平台采用 $\phi 630mm \times 10mm$ 钢管作为立柱,纵向间距为 6m,横向尽可能紧贴地铁高架桥,且以方便施工为原则布置。钢管顶部沿高架桥布置一道 $2HN400 \times 200$ 纵梁,纵梁顶铺设槽型轨道,轨道上安放。框架侧面布置两层细铁丝网,两层铁丝网之间夹一层密目网,兼顾防火和防止轻质物品飞入。框架底采用滚轮,可在槽型轨道中沿纵向滚动。防护平台整体防护效果如图 4-5 所示。

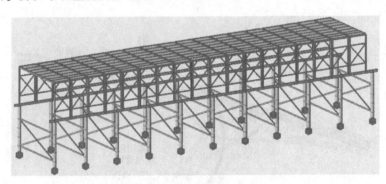

图 4-2 模型示意图

2)平台结构计算参数选取

(1)管棚上取 $2kN/m^2$ 的活载作为施工中可能出现的管棚顶面活荷载。

(2)对于风荷载取值,依据公路桥梁结构设计通用规范,取广州市十年一遇基本风速 $v_{10}$ = 22.1m/s,地铁运营过程中最高车速为 80km/h,根据伯努利方程,$p = \frac{1}{2}\rho v^2 = 3.1m/s, w =$ 0.0065kPa。

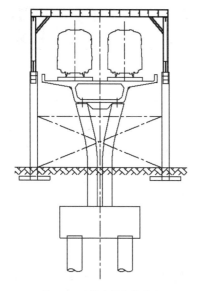
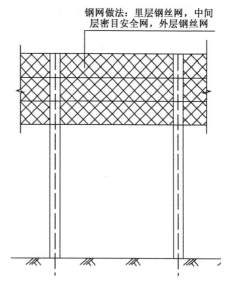

图 4-3  可移动的防护平台　　　　　图 4-4  可移动的施工平台侧面图

图 4-5  防护平台整体防护效果

## 4.2.2　涉地铁施工安全防护装置安、拆工艺

为保障轨行区的安全,按照地铁运营管理要求,必须先防护后施工、无监测不施工。安全防护装置的安拆只能在地铁停运时间(即天窗期)进行。而根据地铁运营管理相关规定,每晚空窗期作业仅为时间 2h,每个月最多可申请 15 个晚上的空窗期,扣除准备时间、收尾清理时间,空窗期的有限作业时间最多为 1.5h。因此,防护装置的安拆须快速、安全,且杂物不能掉入轨行区,常规的散搭散拼散拆无法满足施工要求。

在临线分项工程施工前采取"可移动的安全防护平台"对轨行区进行保护,保护范围为箱梁投影面两端外伸 5~6m 以内范围。其特点是分节段、可移动。轨道以下的平台基础部分可以在空闲时机择机施工完成。框架结构在场内分榀制作完成,转运至吊装点附近,在天窗期采用吊车在固定位置逐榀吊装至轨道上,再在轨道上平移在安装位置,最后进行节段拼连,拼连处覆盖钢板,保证防护之间无缝隙。防护平台安装示意如图 4-6 所示。

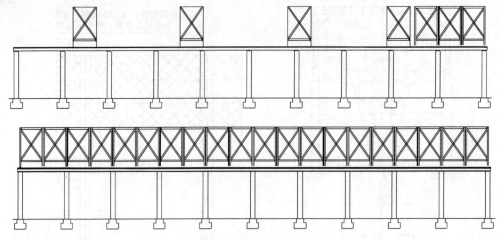

图 4-6 防护平台安装示意图

由于在空窗期仅进行吊装、平移、连接作业，施工功效快、效率高，能确保在有效的安装时间内，完成最多的防护平台的安装。由于防护平台提前预制组拼完成，在吊装和平移过程中，不会有零散构件的坠落，减少了现场的清理工作，增加了有效作业时间。

待桥面系护栏施工完成后，在天窗期拆除所有轨行区临时防护平台。防护平台拆除从两端开始，分节拆除后，顺轨道移至箱梁覆盖范围外，再采用起重机吊开。施工过程中必须确保地铁正常、安全运行，轨行区防护钢结构安装必须在晚上请点作业时间内进行吊装。

在整个长达近 2 年的临线和跨线施工过程中，未有任何物体坠入或飞入轨行区内，未对地铁安全运营造成任何影响。在基础施工完成后，做好排水处理，防止基础积水弱化地基承载力。在台风等不利大风天气情况下，采取拉设缆风绳等措施进行防台、抗风。在每个空窗期 1.5h 的有限作业时间内，安装 5~7 榀防护平台，拆除 3~4 榀。该工程应用效果显著，成功经受住了 2018 年超强台风"山竹"的检验。（"山竹"云系庞大，直径范围达 1000km，七级风圈半径达到 350~600km，中心附近最大风力达 17 级以上。）

### 4.2.3 涉地铁施工安全监控技术

项目 5 处临近并上跨地铁高架桥施工，且在地铁上方施工时间不小于 1 年半。为保证地铁结构体的安全，按照地铁保护要求及相关规范要求以及根据以往地铁结构变形监测的经验，需对地铁结构监测确定的监测项目进行动态监控。

1）监测目的

地铁周边工程施工过程中，岩土受力情况将发生变化，地铁的安全运营对于地层及地质的稳定性要求极高。该项目临近地铁进行施工，风险性较高，施工过程中不可避免地对地铁结构的受力情况产生影响，进而形成地铁结构的变形，为不影响地铁的运营，对地铁结构变形进行监测极为必要。

（1）对施工影响地铁结构的几何变形情况进行连续监测，及时掌握地铁结构的变形量，获取地铁变形的规律，为科学合理地解释周边施工对地铁变形的影响提供第一手资料。

（2）为地铁周边施工提供信息化指导，第一时间反馈地铁结构安全状态，为分析地铁变形的成因提供数据支持,以指导施工单位修改和完善施工方案,将施工对地铁结构的变形控制在较小范围内,确保地铁线路的安全运营。

(3)为日后开展类似的项目提供宝贵的经验与指导,为获取地铁变形的长期规律积累经验。

2)监测对象范围

监测对象为广州地铁4号线受广东南沙大桥项目施工影响区域地铁高架结构,里程YDK43+935~YDK44+295。

3)使用仪器

本工程在监测过程中使用的仪器为水准仪DNA03,精度±0.3mm/km。

4)监测警戒值及控制值

监测警戒值及控制值见表4-1。

城市轨道交通结构安全控制指标值　　　表4-1

| 监测项目 | 安全控制指标 |
| --- | --- |
| 桥墩沉降 | <15mm |

注:指标值不包括测量、施工等的误差。

5)桥墩沉降监测

(1)沉降监测基准点的布设

基准点埋设:根据地铁高架结构现场情况,在施工影响区域外(基坑开挖3倍深度之外)的稳定位置(一般选在车站位置)埋设沉降监测基准点,基准点数量分布在保证观测精度的前提下,便于施工、施测和保存。基准点至少应设置3个。

(2)观测点的布设

如图4-7所示,本项目拟在11个地铁桥墩(桥墩编号分别为43-25、43-26、43-27、43-32、43-33、43-34、44-01、44-02、44-03、44-04、44-05),每个桥墩左右侧各布设一个沉降监测点,共布设22个沉降监测点。

6)沉降观测方法

观测时先把水准基准点组成水准基准网,进行水准基准点联测,联测次数不小于2次,取其高程平均值作为各水准基点的高程值。为保证基准点的可靠性,将定期对基准网进行校核,建网初期每月至少进行1次观测,点位稳定后,校核周期可适当延长。若发现异常情况,则随时对基准网进行校核。

各沉降点施测时采用一条闭合水准路线,监测点初测不小于2次,取其高程平均值作为各监测点的初始值,以后进行各次观测得到各监测点的各次观测高程值,通过计算得到各监测点的本次沉降值和累计沉降值。观测采用独立高程系统。沉降监测等级按《建筑变形测量规范》(JGJ 8—2007)中的二级水准测量技术要求进行观测,见表4-2。

二级水准测量作业主要技术要求　　　表4-2

| 等级 | 视线长度<br>(m) | 前后视距差<br>(m) | 前后视距差累积<br>(m) | 视线高度<br>(m) | 重复测量次数<br>(次) |
| --- | --- | --- | --- | --- | --- |
| 二级 | ≥3且≤50 | ≤1.5 | ≤5 | ≥0.55 | ≥2 |

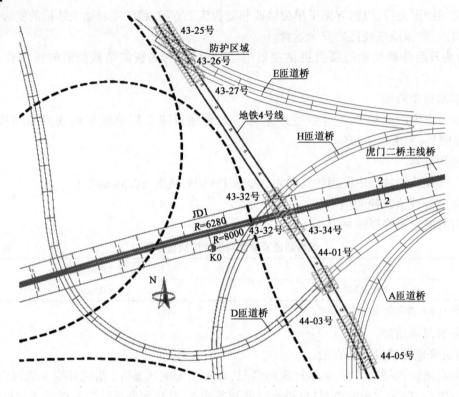

图4-7 沉降、倾斜监测点布置桥墩位置图

7)监测数据的信息反馈

监测成果的数据与信息反馈分为以下几类：

(1)电子监测报表的信息反馈；

(2)广州地铁安全预警与应急平台；

(3)异常情况电话、短信、微信群的信息反馈。

8)监测数据分析

在整个监测过程中，根据施工的进展情况及监测数据的稳定性来分析监测数据：累计最大变化量为-2.6mm，点号DH2784-W。各监测点的数据无异常。

从顶推施工开始前对相邻运营中的广州地铁4号线东涌—黄阁汽车城区间地铁结构进行变形监测。截至2019年3月10日顶推施工完成，地铁桥墩变形监测点的最大累计变化量为-2.27mm，点号DH2784-W；各监测点最近100d的变形速率最大为0.02mm/d，低于0.04mm/d。在本项目顶推施工期间及施工结束后观察期的监测数据显示，地铁高架桥的变化非常微弱，且一直比较稳定。

## 4.3 涉油气管线施工安全防护技术及监控技术

近年来油气管道发展迅速，管道事故屡见不鲜，特别是一些重大的油气泄漏、火灾爆炸等恶性事故对人身安全、自然环境及周围大型建设工程造成巨大危害。涉油气管线施工应严格要求,施工活动对管线的扰动尽可能最小,以保证管道系统及其各组成部分正常运行。如何在保证油气管线正常运营的情况下,尽可能实现结构施工的安全性与可靠性,成为涉油气管线的大型工程建设亟待解决的重大难题。针对南沙大桥东涌互通立交的涉油气管道施工安全防护难题,本节开展了涉油气管道施工安全防护工艺新技术的研究,具体涉及防护装置的研发与安拆方案研究、监控方案决策、工程应用效果。该技术可实现管道与结构的双向同步安全防护。

## 4.3.1 涉油气管线施工安全防护

### 4.3.1.1 关键问题

项目有6处紧邻管线、上跨管线施工。管线包括中石化石油管线、液化天然气管线、广州燃气管线。根据《中华人民共和国石油天然气管线保护法》相关规定,以及通过油气管线公司了解得知,油气管线左右各1.5m范围内土地产权归相应油气管线公司所有,油气管线左右各5m范围属于管线保护区安全距离,如图4-8所示。

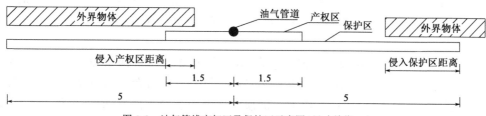

图4-8 油气管线产权区及保护区示意图(尺寸单位:m)

石油管线为直径323mm、壁厚6.4mm的金属管,一般埋深1.5m,设计压力9.5MPa,试压10MPa,输油压力为4.5~6.0MPa,设计年限30年,于2005年投产。石油管线附近有一条监测光纤,光纤一般在石油管线附近3m范围内。根据石油管线公司介绍,光纤埋设的偏差有10m以上的。

天然气管线为直径762mm、壁厚20.6mm金属管,由中海油与英国公司合资建设,安全标准非常高,设计年限30年,于2006年投产。设计压力9.2MPa,试压10~20MPa,输送压力8.8MPa。根据天然气管线公司介绍,爆炸火焰高度可达200m。

施工区域燃气管线已建设完成,尚未运营,标识标牌尚未完善。据调查,已探明的三类管线是该地区重要的能源输送线路,对促进当地经济发展具有重要的意义,因此管线不能迁改。管道埋深浅、管压高、管壁薄,施工过程中,需防止有重物坠落在管道上,需防止有重物压在管道上。在复杂条件下保证涉油气管线施工安全,将面临许多难题。

### 4.3.1.2 解决方案

根据石油天然气管道的相关规定,保证涉油气管线安全施工,管道防护的具体解决方案如下:

1)管道防护设计依据

根据《石油天然气管道保护法》的相关规定,受保护的管段公路桥墩距离管道均大于5m,本项目均满足要求。

根据交通运输部国家能源局国家安全监管总局《关于规范公路桥梁与石油天然气管道交叉工程管理的通知》(交公路发〔2015〕36号)要求"管顶上方应铺设宽度大于管径的钢筋混凝土

保护盖板,盖板长度不应小于规划公路用地范围宽度以外3m,并设置地面标识标明管道位置"。

对于临管线处的施工防护设计方案,目前没有明确的标准或规范要求。根据调研情况得知,公路桥梁跨既有管道的防护一般采用尽可能减少管道周围土体扰动的防护方案,如在管道上方加盖混凝土盖板或钢板。管道上方需要承载的防护方案一般采用水泥双向搅拌桩+混凝土盖板、水泥粉煤灰碎石桩CFG桩+混凝土盖板等形式,水泥双向搅拌桩或CFG桩边距管道中心间距1~1.5m。

2)管线防护方案

为满足施工过程中临时荷载的承载,在施工机具设备需要行驶、停放的地方,采用水泥双向搅拌桩+钢筋混凝土盖板的形式进行管道保护;在施工机具设备不需要行驶、停放的地方,采用混凝土板覆盖在管道正上方,防止施工和桥梁运营过程中的坠物打击。两种防护方式在地面上做出明显的警示标志,在只有混凝土板的区域拉上警示栏,防止混淆。管线的临时防护区域将根据现场机械设备的实际布置情况和施工情况进行增大或者减小,未经双侧水泥搅拌桩+钢筋混凝土盖板保护的高压油气管线区域,禁止桥梁施工机械设备跨越通行。对于管线之间、防护区域以外的部位,凡属施工需要进入的地方,均进行换填,浇筑不小于20cm厚的钢筋混凝土盖板。

如图4-9所示,水泥搅拌桩直径50cm。桩体所用水泥为42.5级及以上的普通硅酸盐水泥,水灰比宜为0.5~0.7,水泥掺量为12%~15%,其中桩顶5m范围内设计水泥量为55kg/m以上,其余部分设计水泥量50kg/m以上。桩顶设置钢筋混凝土盖板,盖板采用C30混凝土,钢筋采用HRB400。

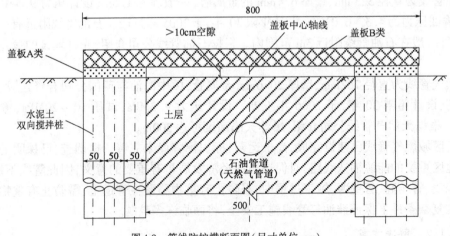

图4-9 管线防护横断面图(尺寸单位:cm)

为保证成桩质量,水泥双向搅拌桩须采用双向搅拌工艺施工。水泥双向搅拌桩须穿透软弱土层,进入持力层深度不小于0.5m,桩间距为0.4~0.5m,要求28d桩身无侧限抗压强度达到1.2MPa以上,90d桩身无侧限抗压强度达到2.0MPa以上,单桩承载力特征值不小于120kN,其他要求参考《公路路基设计规范》(JTG D30—2015)、《公路软土地基路堤设计与施工技术细则》(JTG/T D31-02—2013)、《广东省公路软土地基设计与施工技术规定》(GDJTG/T E01—2011)等执行。

当水泥双向搅拌桩桩长超过15m时,为保证成桩质量,水泥双向搅拌桩须采用水泥双向搅拌桩施工。为增强多排水泥双向搅拌桩的整体协调能力,在多排水泥双向搅拌桩桩顶设置整体化桩帽,桩帽采用 C30 素混凝土的矩形断面,桩帽高度为 25cm。在指定跨越保护加固区域搅拌桩远离管道外侧采用碎石设置 1∶10 的坡道。相邻管道之间(相邻双侧水泥搅拌桩区域之间)的区域,盖板下铺设 25cm 厚度碎石垫层。

桥梁工程施工完成后,管道防护措施不予拆除,作为桥梁运营期间管道的永久性防护工程。

#### 4.3.1.3 实施效果

根据监测结果可知,拟定的项目管线防护方案安全可靠,在项目施工的同时,有效保护了运营中的高压管线的安全。

### 4.3.2 涉油气管线施工安全监控技术

#### 4.3.2.1 关键问题

为了在施工过程中对已有管线做好施工期保护,也为施工安全,及时为安全施工提供依据和指导,借助监测手段挑选典型断面进行管线跟踪监测,实时了解管线及周围土体的变形情况,深入分析该区域地下管线受施工影响的变形规律。

在本工程搅拌桩、承台基桩施工期间,通过对沉桩施工影响范围内的道路地下管线进行变形监测,为建设单位及时提供管线变形、周围土体、桩体变形情况,从而确保管线安全,并达到预警预报信息化施工的目的。

#### 4.3.2.2 解决方案

根据《南沙大桥工程 S1 标(先行标)施工通道跨地下高压油气管线防护施工图设计》等资料,主要监测包括大鹏天然气管道、广州燃气管线、中石化石油管线的沉降。

管线上部土体的沉降是评价管线安全的重要指标,特别是工程地质条件较差的软基地区管线沉降监测尤为重要。管线的不均匀沉降对于复杂结构将会引起附加内力,进而影响结构的安全使用。

1)测点布置

如图 4-10 所示,依据不同匝道管线的分布情况,结合现场实际工况,沉降测点主要布置在管线上方的土体中,应尽可能布置在同一断面上。沉降测点数量统计见表 4-3,各匝道测点(沉降板)布置见表 4-4~表 4-7。

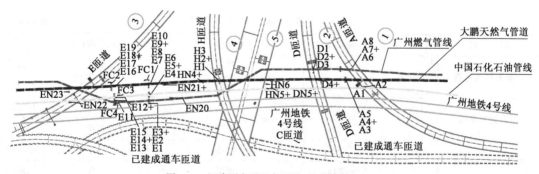

图 4-10 沉降测点平面布置图(尺寸单位:cm)

## 沉降测点数量统计表
表 4-3

| 序号 | 断面 | 测点数量(沉降板/个) | | | |
|---|---|---|---|---|---|
| | | 管线顶 | 搅拌桩顶 | 软土地基 | 总数 |
| 1 | A 匝道 | 2 | 4 | 2 | 8 |
| 2 | 29 匝道 | 2 | 1 | 1 | 4 |
| 3 | E 匝道 | 6 | 8 | 5 | 19 |
| 4 | H 匝道 | 1 | 1 | 1 | 3 |
| 5 | 合计 | 34 | | | |

## A 匝道测点(沉降板)布置统计表
表 4-4

| 项目 | 管线埋深(m) | 测点编号 | 测点位置 | 测点埋深(m) | 备注 |
|---|---|---|---|---|---|
| 大鹏天然气管道 | 1.2 | 4 | 管顶 | 0.7 | 已埋设 |
| 广州燃气管线 | 1.1 | 7 | 管顶 | 0.6 | 已埋设 |
| 软土 | — | 1 | 中石化石油管线两侧软土 | 0.3 | 已埋设 |
| 软土 | — | 2 | 中石化石油管线两侧软土 | 0.3 | 已埋设 |
| 搅拌桩 | — | 3 | 大鹏天然气管道旁搅拌桩桩顶 | 0.5 | 已埋设 |
| 搅拌桩 | — | 5 | 大鹏天然气管道旁搅拌桩桩顶 | 0.5 | 已埋设 |
| 搅拌桩 | — | 6 | 广州燃气管线搅拌桩桩顶 | 0.5 | 已埋设 |
| 搅拌桩 | — | 8 | 广州燃气管线搅拌桩桩顶 | 0.5 | 已埋设 |

## D 匝道测点(沉降板)布置统计表
表 4-5

| 项目 | 管线埋深(m) | 测点编号 | 测点位置 | 测点埋深(m) | 备注 |
|---|---|---|---|---|---|
| 大鹏天然气管道 | 1.5 | D2 | 管顶 | 0.6 | 已埋设 |
| 广州燃气管线 | 1.5 | D4 | 管顶 | 0.8 | 已埋设 |
| 软土 | — | D3 | 广州燃气管线与大鹏天然气管道之间软土 | 0.3 | 已埋设 |
| 搅拌桩 | — | D1 | 广州燃气管线旁搅拌桩 | 0.5 | 已埋设 |

## E 匝道测点(沉降板)布置统计表
表 4-6

| 项目 | 管线埋深(m) | 测点编号 | 测点位置 | 测点埋深(m) | 备注 |
|---|---|---|---|---|---|
| 大鹏天然气管道 | 10 | E9 | 管顶 | 2.0 | 已埋设 |
| 大鹏天然气管道 | 10 | E18 | 管顶 | 2.0 | 已埋设 |
| 广州燃气管线 | 2.8 | E3 | 管顶 | 2.0 | 已埋设 |
| 广州燃气管线 | 2.8 | E12 | 管顶 | 2.0 | 已埋设 |
| 中石化石油管线 | 1.5 | E5 | 管顶 | 1.0 | 已埋设 |
| 中石化石油管线 | 1.5 | E14 | 管顶 | 1.0 | 已埋设 |

续上表

| 项　　目 | 管线埋深(m) | 测点编号 | 测点位置 | 测点埋深(m) | 备注 |
|---|---|---|---|---|---|
| 软土 | — | E2 | 广州燃气管线两侧 | 0.4 | 已埋设 |
| | | E4 | | 0.4 | 已埋设 |
| | | E8 | 大鹏天然气管道一侧 | 0.4 | 已埋设 |
| | | E17 | | 0.4 | 已埋设 |
| | | E13 | 广州燃气管线与中石化石油管线之间 | 0.4 | 已埋设 |
| 搅拌桩 | — | E1 | 广州燃气管线与中石化石油管线两侧搅拌桩桩顶 | 0.4 | 已埋设 |
| | | E6 | | 0.4 | 已埋设 |
| | | E11 | 广州燃气管线与中石化石油管线两侧搅拌桩桩顶 | 0.4 | 已埋设 |
| | | E15 | | 0.4 | 已埋设 |
| | | E7 | | 0.4 | 已埋设 |
| | | E10 | 大鹏天然气管道两侧搅拌桩桩顶 | 0.4 | 已埋设 |
| | | E16 | | 0.4 | 已埋设 |
| | | E19 | | 0.4 | 已埋设 |

**H 匝道测点(沉降板)布置统计表**　　　　表4-7

| 项　　目 | 管线埋深(m) | 测点编号 | 测点位置 | 测点埋深(m) | 备　注 |
|---|---|---|---|---|---|
| 大鹏天然气管道 | 8 | H2 | 管顶 | 1.0 | 已埋设 |
| 搅拌桩 | — | H3 | 桩顶 | 0.5 | 已埋设 |
| 软土 | — | H1 | 大鹏天然气管道与中石化石油管线之间软土 | 0.4 | 已埋设 |

2)监测工期及频率

(1)监测期限:测点埋设完毕后监测开始,时间8个月。

(2)监测频率(表4-8):监测仪器埋设完毕后进行初值观测。

**监 测 频 率**　　　　表4-8

| 时间 | 1~8个月 |
|---|---|
| 观测频率 | 3次/月 |
| 次数 | 24次 |

3)仪器埋设及监测方法

现场主要埋设仪器为沉降盘及分层沉降环。

如图4-11、图4-12所示,沉降板埋设时在管线上部人工挖出一个0.5m×0.5m大小孔,孔深0.3~0.5m,将0.5m×0.5m的沉降板放入坑内并接管回填,回填时需加套管保护沉降管,观测点埋设完毕后,应稳定2~3d之后再进行初测,并进行闭合复测,检查其稳定性。

深层沉降埋设时,利用已探明的钻孔,在钻孔内打入直径10cm的钢管,使用高压水枪将管内土体冲洗出来,再人工将50cm×50cm的深层沉降钢板放入管底,并接管至地面,待其稳定2~3d之后进行初测,并进行闭合复测,检查其稳定性。

图 4-11　A 匝道管顶沉降板埋设 E 匝道软土监测沉降板埋设

图 4-12　A 匝道软土监测沉降板板埋设管线沉降监测

监测均采用经计量认证合格的精密因瓦尺和索佳 B20 水准仪配测微器（观测精度可达 ±1mm）进行观测。每次观测前对水准仪、因瓦尺进行复检。每次观测均采用固定水准线路往返进行，在限差满足规范要求的前提下按测站平均分配闭合差。水准观测时实行绝对的基准测量系统，充分利用已有高程控制点，根据现场实际施工、周边地形及附近高程控制点布设情况，先将高程引至在观测点边缘的工作基点上；工作基点应埋设在路堤沉降影响范围外，可设在支撑桩或嵌岩桩。沉降观测时高程由工作基点直接引至测点上，并定期对工作基点进行复测、校核。

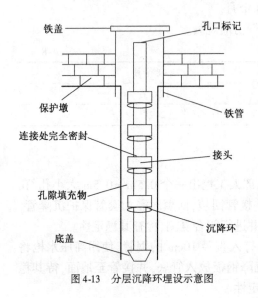

图 4-13　分层沉降环埋设示意图

分层沉降管埋设前，按照沉降环设计高程将每一个沉降磁环的固定环固定在连接好的引导管上。引导管最下端管口封紧，胶带密封，待钻机成孔至设计底高程，将连接好的引导管放入孔中，用黏土封孔；沉降环埋设后，用测头、接收器、水准仪、因瓦尺进行观测，直至沉降环位置稳定，将此时观测值作为初读数，埋设完毕。图 4-13 为分层沉降环埋设示意图。

分层沉降测试前,打开分层沉降仪电源开关,用沉降环套住探头移动,当沉降环遇到探头的感应点时,发出声光报警,同时仪表有指示,说明仪器工作正常;以孔口(或孔底)为高程,顺孔放入探头,当探头敏感中心与沉降环相交时,仪器发出"嘟"的响声,并伴有灯光指示,电表指示值同时变大。此时因瓦尺在参照点上的指示值即是沉降环所在深度值。比较每次的测试值(即差值),可得出不同深度的沉降量;测试结束后,关断电源,将因瓦尺擦净,以备再用。图 4-14 所示为分层沉降现场监测。

图 4-14 分层沉降现场监测

4) 监测情况与数据分析(选择关键匝道进行监控分析)

在监测仪器埋设完毕后进行了初值观测,之后监测频率按 3 次/月执行,8 个月共监测 24 次。

各测点表面沉降情况见表 4-9,可得 E 匝道和 H 匝道部分沉降测点累计沉降量较大,均超过 100mm,分别为 E12、E13、E14、H1 和 H2。累计表面沉降如图 4-15 所示,累计表面沉降发展趋势如图 4-16 和图 4-17 所示。

各测点表面沉降观测统计表　　　　表 4-9

| 统计项目 | A 匝道 | D 匝道 | E 匝道 | H 匝道 | 备注 |
| --- | --- | --- | --- | --- | --- |
| 平均值 | 27.3 | 44.1 | 56.0 | 76.2 | |
| 最大值 | 43.2 | 68.8 | 157.2 | 110.2 | |
| 最小值 | 13.1 | 9.9 | 12.3 | 17.0 | |

注:单位为 mm,统计截止日期 2017 年 8 月 30 日,未含新增测点。

为简化描述,下面分别对 A 匝道和 E 匝道的沉降情况进行详细分析,具体如下:

(1) A 匝道

A 匝道表面沉降观测结果见表 4-10、表 4-11。

由图 4-18~图 4-20 可得:表面沉降测点 A4 和 A7 的累计沉降量仅为 29.45mm 和 26.99mm;软土的累计沉降量较大,表面沉降测点 A1 和 A2 的累计沉降量为 43.19mm 和 39.17mm;而搅拌桩的累计沉降量有大有小,大鹏天然气管道旁搅拌桩桩顶沉降量较大,表面沉降测点 A3 和 A5 的累计沉降量为 25.57mm 和 23.52mm,广州燃气管线搅拌桩桩顶累计沉降量较小,表面沉降测点 A6 和 A8 的累计沉降量仅为 17.19mm 和 13.13mm。大鹏天然气管线管顶测点 A4 的沉降量(29.45mm)大于其两侧搅拌桩桩顶沉降量(测点 A3 和 A5 分别为 25.57mm 和 23.52mm);广州燃气管线管顶测点 A7 的沉降量(26.99mm)也大于其两侧搅拌桩桩顶沉降量(测点 A6 和 A8 分别为 17.19mm 和 13.13mm),可见 A 匝道采用搅拌桩加固,管道两侧搅拌桩桩顶和管线管顶的沉降量比未加固软土的均有所降低,降低较大的为管线两侧搅拌桩桩顶,其次是管线管顶。

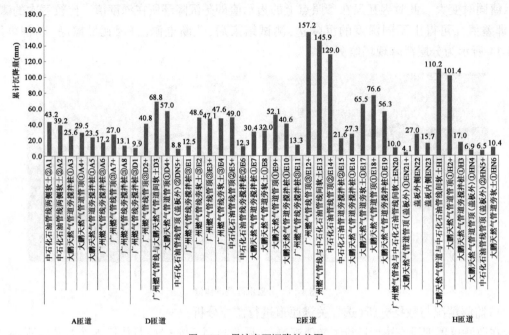

图 4-15 累计表面沉降柱状图

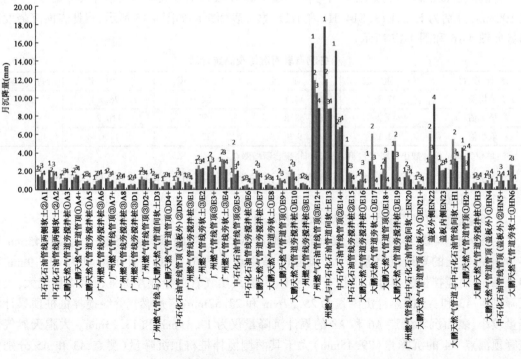

图 4-16 累计表面沉降发展趋势图(近 4 个月即 2017 年 5~8 月)

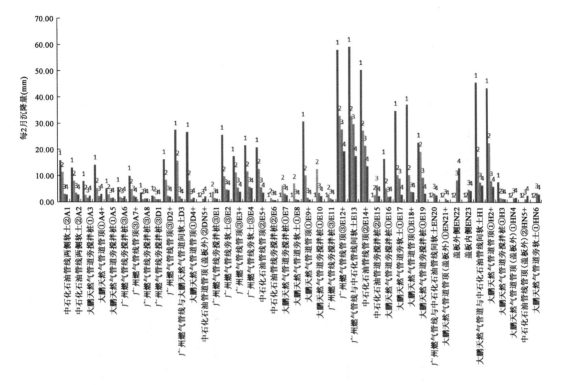

图 4-17 累计表面沉降发展趋势图(1~4 分别代表 2017 年 1~2 月、3~4 月、5~6 月、7~8 月)

A 匝道表面沉降观测结果　　　　　　　　　　　　　　　表 4-10

| 管　道 | 测点编号 | 测点位置 | 测点埋深(m) | 累计沉降量(mm) |
|---|---|---|---|---|
| 大鹏天然气管道 | A4 | 管顶 | 0.7 | 29.45 |
| 广州燃气管线 | A7 | 管顶 | 0.6 | 26.99 |
| 软土 | A1 | 中石化石油管线两侧软土 | 0.3 | 43.19 |
| | A2 | | 0.3 | 39.17 |
| 搅拌桩 | A3 | 大鹏天然气管道旁搅拌桩桩顶 | 0.5 | 25.57 |
| | A5 | | 0.5 | 23.52 |
| | A6 | 广州燃气管线搅拌桩桩顶 | 0.5 | 17.19 |
| | A8 | | 0.5 | 13.13 |

各测点表面沉降观测统计　　　　　　　　　　　　　　　表 4-11

| 统计项目 | A 匝道 |
|---|---|
| 平均值(mm) | 27.3 |
| 最大值(mm) | 43.2 |
| 最小值(mm) | 13.1 |

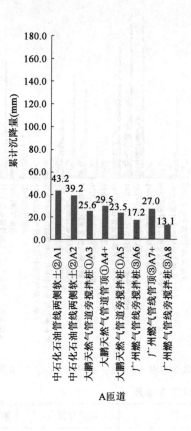

图4-18 累计表面沉降柱状图　　图4-19 累计表面沉降发展趋势图

a) A匝道时间-沉降曲线图

图 4-20

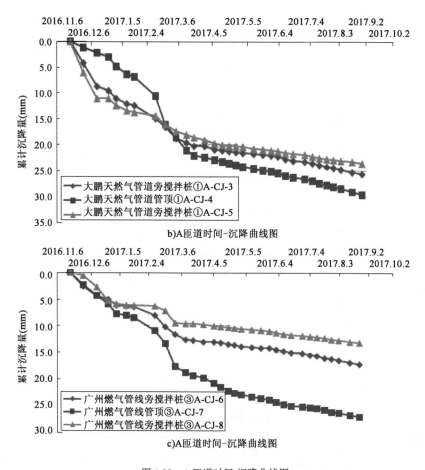

图 4-20 A 匝道时间-沉降曲线图

(2) E 匝道

E 匝道表面沉降观测结果见表 4-12。

E 匝道表面沉降观测结果　　　　表 4-12

| 管　道 | 测点编号 | 测点位置 | 测点埋深(m) | 累计沉降量(mm) | 备注 |
|---|---|---|---|---|---|
| 大鹏天然气管道 | E9 | 管顶 | 2.0 | 52.11 | |
| | E18 | 管顶 | 2.0 | 76.61 | |
| 广州燃气管线 | E3 | 管顶 | 2.0 | 47.12 | |
| | E12 | 管顶 | 2.0 | 157.21 | |
| 中石化石油管线 | E5 | 管顶 | 1.0 | 48.98 | |
| | E14 | 管顶 | 1.0 | 129.02 | |
| 软土 | E2 | 广州燃气管线两侧 | 0.4 | 48.55 | |
| | E4 | | 0.4 | 47.62 | |

续上表

| 管道 | 测点编号 | 测点位置 | 测点埋深(m) | 累计沉降量(mm) | 备注 |
|---|---|---|---|---|---|
| 软土 | E8 | 大鹏天然气管道一侧 | 0.4 | 31.97 | |
| | E17 | | 0.4 | 65.47 | |
| 软土 | E13 | 广州燃气管线与中石化石油管线之间 | 0.4 | 145.86 | |
| | EN20 | 广州燃气管线与中石化石油管线之间 | 0.4 | 10.02 | 后期增设 |
| 搅拌桩 | E1 | 广州燃气管线与中石化石油管线两侧搅拌桩桩顶 | 0.4 | 12.51 | |
| | E6 | | 0.4 | 12.25 | |
| | E11 | 广州燃气管线与中石化石油管线两侧搅拌桩桩顶 | 0.4 | 13.33 | |
| | E15 | | 0.4 | 21.60 | |
| | E7 | 大鹏天然气管道两侧搅拌桩桩顶 | 0.4 | 30.40 | |
| | E10 | | 0.4 | 40.63 | |
| | E16 | | 0.4 | 27.28 | |
| | E19 | | 0.4 | 56.25 | |
| 盖板涵 | EN21 | 大鹏天然气管道管顶(盖板外) | 0.4 | 4.07 | 后期增设 |
| | EN22 | 盖板外侧 | 0.4 | 27.03 | |
| | EN23 | 盖板内侧 | 0.4 | 15.67 | |

E 匝道时间-沉降曲线如图 4-21 所示。

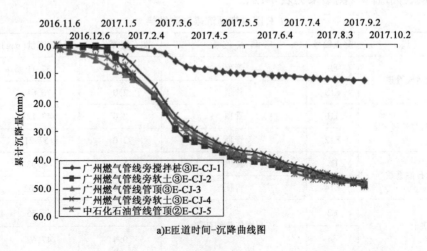

a) E 匝道时间-沉降曲线图

图 4-21

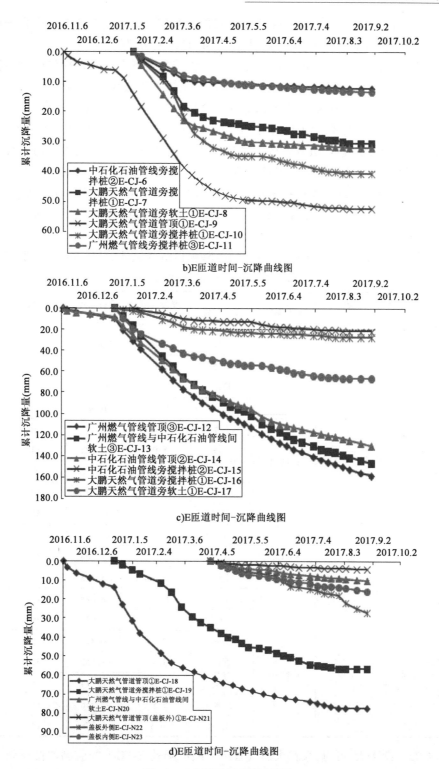

图 4-21 E 匝道时间-沉降曲线图

由图 4-21 可得,E 匝道大鹏天然气管道表面沉降测点 E18、广州燃气管线表面沉降测点 E12 和中石化石油管线表面沉降测点 E14 的累计沉降量较大,分别为 76.61mm、157.21mm 和 129.02mm,累计沉降量较大主要是受盖板浇筑影响,浇筑盖板时累计沉降量增长迅速,而大鹏天然气管道表面沉降测点 E9、广州燃气管线表面沉降测点 E3 和中石化石油管线表面沉降测点 E5 的累计沉降量较小,分别为 52.11mm、47.12mm 和 48.98mm;大鹏天然气管线一侧的软土累计沉降量较大,表面沉降测点 E17 和 E13 的累计沉降量为 65.47mm 和 145.86mm,累计沉降量较大主要是受盖板浇筑影响,浇筑盖板后累计沉降量增长迅速,而广州燃气管线两侧软土累计沉降量较小,表面沉降测点 E2 和 E4 的累计沉降量仅为 48.55mm 和 47.66mm;而搅拌桩的表面沉降测点 E16 和 E19 的累计沉降量较小,仅为 27.28mm 和 56.25mm。在盖板涵施工完成后,E 匝道各测点沉降逐渐趋于收敛,沉降速率基本趋于一致。

E 匝道埋设了 4 个分层沉降管,现将分层沉降测得沉降磁环的累计沉降量列于表 4-13。

**E 匝道测点(分层沉降)观测成果表** 表 4-13

| 管道 | 管线埋深(m) | 管径(mm) | 测点编号 | 埋设位置 | 埋设深度(m) | 埋设高程(m) | 累计沉降量(mm) | 备注 |
|---|---|---|---|---|---|---|---|---|
| 大鹏天然气管道 | 10 | 762 | E-FC-1 | 土体 | 1.0 | -0.085 | 90 | 分层沉降管埋深15m |
| | | | | 土体 | 5.0 | -4.173 | 52 | |
| | | | | 管顶 | 10.0 | -9.0469 | 44 | |
| | | | | 管底 | 11.0 | -10.402 | 15 | |
| | | | E-FC-2 | 土体 | 1.0 | -0.123 | 136 | 分层沉降管埋深15m |
| | | | | 土体 | 5.0 | -4.222 | 84 | |
| | | | | 管顶 | 10.0 | -93782 | 92 | |
| | | | | 管底 | 11.0 | -10.101 | 58 | |
| 中石化石油管线 | 1.5 | 323 | E-FC-3 | 土体 | 1.5 | 0.182 | 57 | 分层沉降管埋深15m |
| | | | | 管顶 | 2.3 | -0.625 | 47 | |
| | | | | 管底 | 2.8 | -1.168 | 36 | |
| | | | | 土体 | 5.0 | -3.613 | 30 | |
| | | | | 土体 | 10.0 | -8.648 | 12 | |
| 广州燃气管线 | 2.8 | 711 | E-FC-4 | 土体 | 1.5 | 0.103 | 36 | 分层沉降管埋深15m |
| | | | | 土体 | 2.5 | -0.891 | 32 | |
| | | | | 管顶 | 3.4 | -1.753 | 30 | |
| | | | | 管底 | 4.2 | -2.474 | 21 | |
| | | | | 土体 | 5.5 | -3.856 | 18 | |
| | | | | 土体 | 10.5 | -8.878 | 13 | |

由图 4-22 ~ 图 4-25 可得,大鹏天然气管道分层沉降孔 E-FC-1 的监测数据反映 11m 以下管底土体压缩量 15mm,管道段 10 ~ 11m 压缩量 29mm,管顶土体 1 ~ 10m 压缩量 46mm;大鹏天然气管道分层沉降孔 E-FC-2 的监测数据反映 11m 以下管底土体压缩量 58mm,管道段 10 ~

11m压缩量34mm,管顶土体1~10m压缩量44mm;中石化石油管线分层沉降孔E-FC-3的监测数据反映2.8m以下管底土体压缩量35mm,管道段2.3~2.8m压缩量11mm,管顶土体1.5~2.3m压缩量10mm;广州燃气管线分层沉降孔E-FC-4的监测数据反映4.2m以下管底土体压缩量21mm,管道段3.4~4.2m压缩量9mm,管顶土体1.5~3.4m压缩量6mm。总体上讲,管道段压缩率(压缩量/厚度)较高。分层沉降孔E-FC-1和E-FC-2最顶层土体中的累计沉降量较大,分别为90mm和136mm,特别是分层沉降孔E-FC-2受盖板涵施工影响,累计沉降量相对而言更大。随着盖板涵施工完毕,分层沉降各测点的沉降曲线逐渐趋于收敛,沉降速率逐渐降低,差异沉降量增长速率也随之降低。

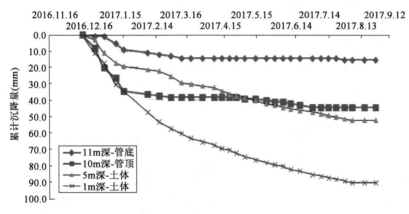

图4-22 E匝道E-FC-1分层沉降时间-累计沉降量曲线图(分层管1:大鹏天然气管道FC-1)

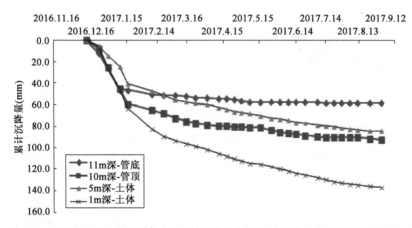

图4-23 E匝道E-FC-2分层沉降时间-累计沉降量曲线图(分层管2:大鹏天然气管道FC-2)

(3)管线安全性状整体评价

根据《油气输送管道穿越工程设计规范》(GB 50423—2013)规定,水平定向钻采用弹性敷设时,穿越管段曲率半径不宜小于1500$D$,且不应小于1200$D$($D$是指管道外径)。根据文献资料《地下管线变形与破坏的实验与监测研究》,从管线变形方面考虑管道差异沉降率发展曲线,管线的变形曲率应小于或等于0.0078(7.8‰)或者差异沉降小于或等于1/128。在管线的使用过程中,只要满足上面条件就可以判定管线是安全的。本监测工程各管线监测情况及差异沉降率如表4-14所示。

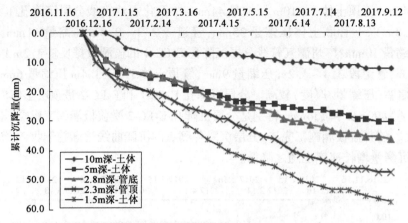

图 4-24　E 匝道 E-FC-3 分层沉降时间-累计沉降量曲线图（分层管 3：中石化石油管线 FC-3）

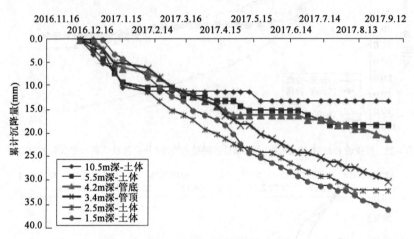

图 4-25　E 匝道 E-FC-4 分层沉降时间-累计沉降量曲线图（分层管 4：广州燃气管线 FC-4）

管线安全性状整体评价表　　　　表 4-14

| 管道名称 | 管道上方测点编号 | 沉降监测点间距（m） | 已经观测天数（d） | 累计沉降（mm） | 相邻监测点沉降差值（mm） | 纵向差异沉降率（‰） | 整体评价结论 |
|---|---|---|---|---|---|---|---|
| 大鹏天然气管道 | A4 |  | 284 | 29.45 |  |  |  |
|  | D4 | 47 | 284 | 57 | 27.55 | 0.586 | 安全 |
|  | H2 | 93.5 | 284 | 101.44 | 44.44 | 0.475 | 安全 |
|  | E21 | 82.5 | 153 | 4.07 |  |  |  |
|  | E9 | 16 | 297 | 52.11 | −49.33 | −0.501 | 安全 |
|  | E18 | 49 | 297 | 76.61 | 24.5 | 0.500 | 安全 |
| 中国石化石油管线 | DN5 |  | 153 | 8.8 |  |  |  |
|  | HN5 | 32 | 153 | 6.55 | −2.25 |  |  |
|  | E5 | 152 | 297 | 48.98 | 42.43 |  |  |
|  | E14 | 49 | 297 | 129.02 | 80.04 | 1.633 | 安全 |

续上表

| 管道名称 | 管道上方测点编号 | 沉降监测点间距(m) | 已经观测天数(d) | 累计沉降(mm) | 相邻监测点沉降差值(mm) | 纵向差异沉降率(‰) | 整体评价结论 |
|---|---|---|---|---|---|---|---|
| 广州燃气管线 | A7 |  | 284 | 26.99 |  |  |  |
|  | D2 | 32 | 284 | 40.81 | 13.82 | 0.432 | 安全 |
|  | E3 | 192 | 297 | 47.12 | 6.31 | 0.033 | 安全 |
|  | E12 | 49 | 297 | 157.21 | 110.09 | 2.247 | 安全 |

由图4-26可见,管线变形曲率均小于7.8‰,整体评价为安全;而且在施工过程中,管线的变形也没有对管线的安全运行产生任何影响。中石化石油管线测点E5至E14段落和广州燃气管线测点E3至E12段落的纵向差异沉降率较大,分别为1.633‰和2.247‰,其较大的原因,主要是盖板涵施工加载,但仍小于安全允许值7.8‰。

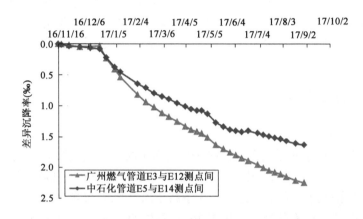

图4-26 两段较大变形代表管道差异沉降率发展曲线

随着施工结束,较少有局部加载(盖板涵施工加载)的情况出现,各测点的沉降变形趋势基本一致,差异沉降量急骤增大,管线的变形曲率变大的可能性较小,可以判断大鹏天然气管道、中石化石油管线和广州燃气管线目前是安全的;并可预见在不出现重大变化的情况下,这些管线今后一段时间也是较安全的。

#### 4.3.2.3 实施效果

对A匝道、D匝道、E匝道和H匝道的表面沉降和E匝道的分层沉降进行了24次的测量,分析现有监测数据,得出以下结论及建议:

(1)总体上,各管线基本处于安全状态,仅中石化石油管线、大鹏天然气管道及周边土体变形较大,最大的纵向差异沉降率较大,分别为1.633‰和2.247‰,其较大的原因,主要是盖板涵施工加载,但仍远小于安全允许值7.8‰,但目前变形还在发展过程中,需后期加强关注。

(2)A匝道、D匝道、E匝道和H匝道沉降资料均表明,搅拌桩桩顶的累计沉降量较小,此显示搅拌桩对原土体进行了有效加固,减小了加固土体的沉降量,可分担较多的上部荷载,降低管线所承受的荷载。

(3)分层沉降数据分析可得,管道段压缩率(压缩量/厚度)较高,分层沉降孔E-FC-1、

E-FC-2最顶层土体中的累计沉降量较大,分别为90mm、136mm,特别是分层沉降孔E-FC-2受盖板涵施工影响,累计沉降量相对更大,但随着盖板涵施工完毕,分层沉降各测点的沉降曲线逐渐趋于收敛,沉降速率逐渐降低,差异沉降量增长速率也随之降低。

## 4.4 上跨既有线路施工工艺及安全控制

上跨既有线路施工要在保持线路运营与保证行车安全的前提下进行,工期紧、干扰多、安全威胁大。确保这种跨线施工安全的关键为制定专属施工方案及配合必要安全防护措施,从而尽可能减小对既有路线的干扰。南沙大桥东涌互通立交工程跨线数量之多,跨线分布特征之复杂。如何在保证既有路线正常运营的情况下,尽可能实现结构施工的安全性与可靠性,成为上跨既有路线施工的大型工程建设亟待解决的重大难题。本节面向3种典型的施工场景(悬浇施工、顶推施工及净空不足场景),系统阐述了各场景的跨线施工难点与特点、系列关键技术及工程应用效果。旨在多场景、多视角地再现东涌互通立交上跨线路施工的全过程。系列关键技术可为同类型上跨既有线大型互通立交工程的安全施工提供关键技术支持。

### 4.4.1 既有线路上悬浇施工工艺

#### 4.4.1.1 关键难题

南沙大桥S1标东涌互通立交在纵桥向250m、横桥向190m范围内,布置有3层空间交叉的5座、共920m长的待建悬浇梁(其中两座的曲线半径为$R=155m$、$250m$,另一座位于缓和曲线上),均需上跨2条高速公路、1条地铁和3条高压油气管线,高峰期有12对挂篮、17处上跨作业点在同时施工,需在既有线路上方施工16个月内,确保施工、运营两不误。在既有线上搭设专门的防坠落平台风险大,施工成本高;既有线交通繁忙,不能中断运营。

#### 4.4.1.2 解决方案

为保证在施工安全和运营正常的情况下,进行既有线上悬浇施工,提出以下解决方案:

1)上跨既有线路施工挂篮防护

如图4-27~图4-29所示,南沙大桥项目采用全封闭的兜底式挂篮防护,挂篮拼装完成后,将组拼好的兜底防护平台整体起吊至挂篮底部,吊挂在挂篮底前后横梁上,再在兜底平台上、挂篮四周搭设单层满堂式支架,在支架侧面采用双层密目铁丝网围闭。全封闭的兜底式防护平台随挂篮一起移动,实现悬浇全过程的防护。由于既有线侧的挂篮安装了防护平台,挂篮的整体重量大于另一侧没有防护平台的挂篮,因此应核实T构两侧的不平衡荷载是否在设计允许范围

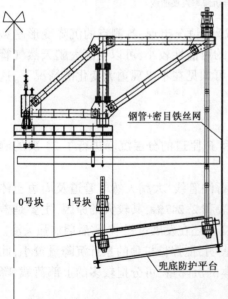

图4-27 挂篮兜底防护平台里面布置图

内,若不满足要求,则需根据计算在没有防护平台侧增加相应的配重。

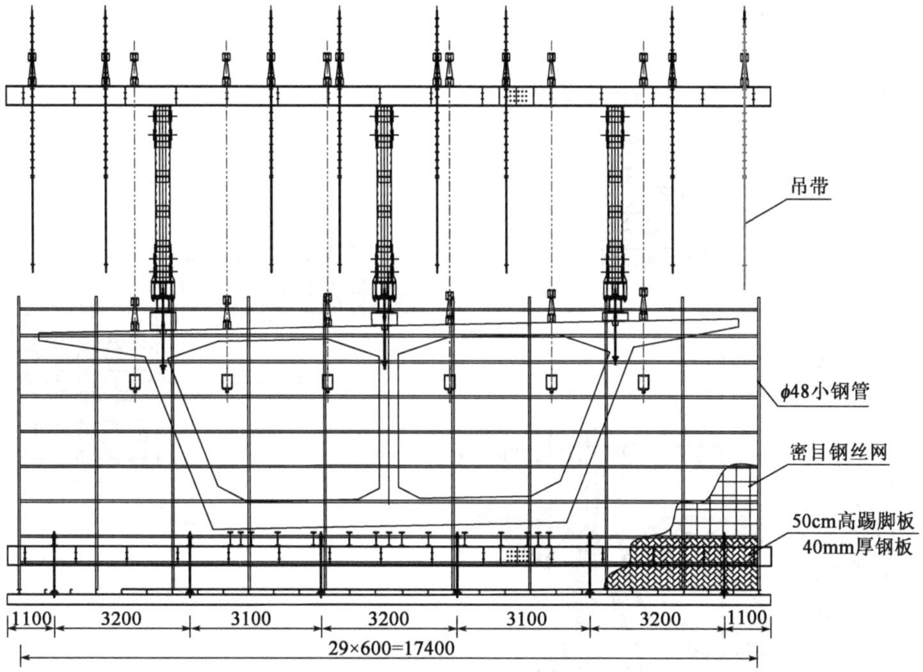

图 4-28 挂篮前端横断面图(尺寸单位:mm)

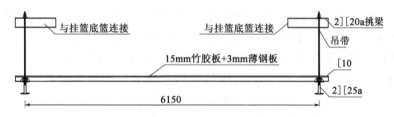

图 4-29 兜底防护平台结构图(尺寸单位:mm)

2)挂篮移动步骤

挂篮的正确移动顺序影响跨线施工的安全性,一套科学合理的挂篮移动方案是确保施工质量的重要基础。

(1)如图 4-30 所示,同步下放底篮后吊杆,底篮脱离箱梁底(10~15cm),再同步下放前吊杆,使前后下横梁顶面保持水平(高差不得大于 5cm,防止下横梁前移时的失稳)。脱落模时,应注意先松后吊杆,再松前吊杆,否则会因底模憋劲而使短吊杆无法卸脱。底篮脱离底板,调整好两下横梁高度后,前后下横梁放置水平、两横梁高差不大于 5cm。挂篮底篮前端挂在前上横梁上,后端通过两外侧的吊杆挂在主桁的平联上。外侧外滑梁(外侧短导梁)前后端吊杆放下 10~15cm。内模同样下放 10~15cm。这样挂篮的模板系统与梁体完全脱离。

(2)如图 4-31 所示,测量放样出挂篮前移轨道位置后,对桥面进行抄平,根据箱梁线形铺设轨道垫梁、轨道,将轨道垫梁抄平垫实,同时利用竖向精扎螺纹钢,通过反压梁锚固轨道;检查确认所有轨道锚固牢靠。利用轨道前端作为反力点固定穿心千斤顶,将牵引挂篮前移的 32mm 精轧螺纹钢穿过穿心千斤顶,锚固在前支点滑船上。

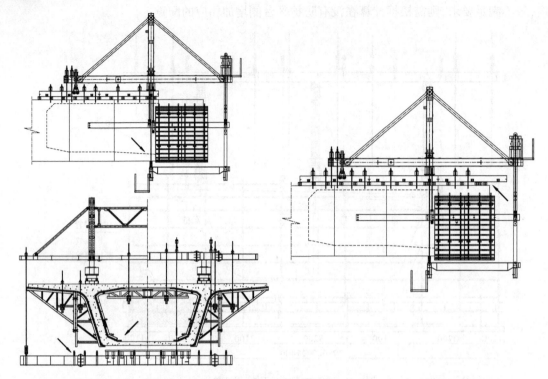

图 4-30　拆除底篮后锚固(保留两端),并缓慢下降底篮　　图 4-31　前方铺设轨道,调整后将轨道锚固

(3)如图 4-32 所示,通过挂篮的中横梁在翼缘外侧吊住底篮后下横梁,拆除锚在箱梁上的其他后下横梁上的吊杆,同时用钢丝绳、葫芦(承载力要保证 3 倍的安全系数)对底篮后下横梁加以保护。安装行走后吊杆(上端固定在平联桁上、下端吊住后下横梁),收紧行走后吊杆,使底篮作用在横向平联桁架上,保持前后下横梁在同一高度上。拆除后下横梁吊杆,这样底篮前端作用在前上横梁上,后端通过外吊杆作用在挂篮中横梁上。

(4)对各滑梁上后端的滚动、承重吊架进行转换(箱梁混凝土浇筑时导梁上的承重吊架受力,挂篮前移时滚动吊架受力),先收紧滚动吊架,这时后端的两种吊架都在受力,放下承受吊架,此时滚动吊架受力,承重吊架悬空在内外滑梁上完全不受力,也不拆除,作保险之用。拆除翼板下外侧导梁(短导梁)后端的承重吊具,并把导梁固定在外模板上。

(5)如图 4-33 所示,缓慢放松主桁后锚杆,反扣轮扣住轨道,检查各反扣轮是否扣住轨道,反扣轮受力;完全松开后锚杆使主桁的反扣轮(扣住轨道)完全受力,此时主桁作用在滑船、轨道上,以前支点行走滑船为支承点,反扣轮拉住,整个挂篮是一个固定在轨道上的悬臂装置。

(6)挂篮移动前,先观察模板与箱梁混凝土面是否安全脱离(无物件扣、缠、挂住);挂篮前移时,反扣轮后主桁上至少要有一道反压梁(同时在每片主桁后端各用一个 10t 电动链条葫芦反拉带紧进行前移保护)、反扣轮前轨道的锚固不能少于 1 道、反扣轮后轨道的锚固不能小于 2 道,以防止挂篮行走过程中的倾覆。在底篮后下横梁与外侧模滑梁之间安装 10t 电动葫芦(此时后下横梁吊在外滑梁上),设置备用安全绳。同时收紧花篮螺栓(一端扣在反扣轮上,另一端扣在结点箱底部),保证反扣轮吊带垂直受力。

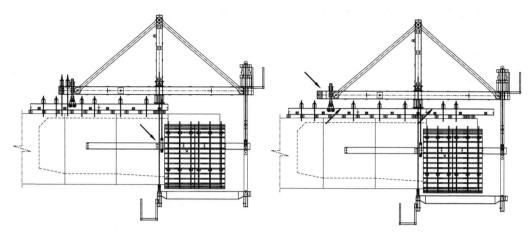

图 4-32　拆除后下横梁吊杆　　　图 4-33　放松主桁后锚杆,反扣轮扣住轨道

(7)如图 4-34 所示,利用穿心千斤顶同步牵引,使挂篮主桁架、底篮系统、侧模系统同步前移就位至下一节段要求位置。挂篮移动速度控制在 5~10cm/min,移动过程必须保证平稳。挂篮前进困难时要及时检查是否有地方卡住。挂篮移动过程中左右桁架要保持平衡,前后主桁片距离控制在 10cm 内,同时应保证两端的不平衡力矩差符合设计要求(两端主桁前移相差不超过 1m)。

**注意:**行走过程中应注意箱梁顶面外漏吊杆长度是否阻碍挂篮行走。

(8)轨道压梁挡住反扣轮时,必须先在反扣轮后加压梁压住轨道后,方可拆除挡道的轨道压梁。

(9)主桁前移到位后,检查后下横梁箱室内预留孔、后锚预留孔是否与横梁吊具、后锚节点箱对齐,之后对挂篮后锚点进行锚固。

(10)如图 4-35 所示,安装底篮后吊杆、翼板吊杆(承受吊具受力),对各滑梁上的滚动、承重吊具进行转换,放松行走后吊杆。

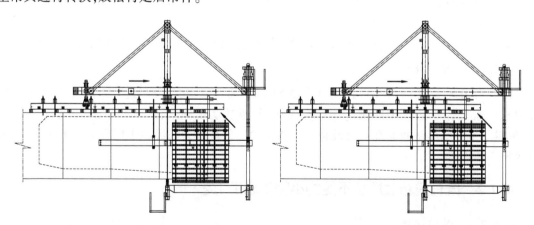

图 4-34　穿心千斤顶同步牵引　　　图 4-35　安装底篮后吊杆、翼板吊杆

(11)调整模板位置及高程。

(12)将内模(顶板)用两台 3t 手拉葫芦拉出就位,安装吊杆(承重吊具受力);解除内滑梁

尾端滚动吊具锚固,移动滚动吊具到预留孔处,重新穿吊杆,等待下一次行走。

(13)挂篮移动完成。

3)曲线桥挂篮移动步骤

除上述步骤外,曲线桥由于自身的特点,有其特定的移动步骤:

(1)接轨道

测放挂篮前移轨道位置,抄平桥面,根据箱梁线形铺设轨道垫梁、轨道,将轨道垫梁抄平垫实,同时利用竖向精轧螺纹钢,通过反压梁锚固轨道。

(2)顶挂篮、顺轨道

由于曲率的存在,轨道和主桁不一定完全在一个垂直面内,为确保挂篮行走安全,主桁反扣轮与轨道接触需良好。当检查轨道和主桁不在一个垂直面内时,先将主桁用精轧螺纹钢锚固防倾覆,用千斤顶同步顶起各主桁的滑船(各千斤顶要同步,顶起过程中要防止倾覆和侧翻),使主桁与轨道分离(不要顶起很高,脱离开即可),调整主桁下的轨道,使其与新接轨道在一条直线上。

(3)走挂篮

利用穿心千斤顶牵引挂篮前移。由于曲率的存在,曲线内侧的挂篮主桁行走距离要短于曲线外侧的挂篮主桁行走距离,因此曲线内侧的挂篮主桁先走到位,之后外侧的挂篮主桁再继续缓慢行走到位。此时由于内侧挂篮主桁不行走,挂篮处于憋劲扭转的状态,需注意以下几个事项:外侧桁架缓慢前行;内侧桁架锚固梁的精轧螺纹钢不能张拉,需使锚固梁与主桁之间留有空隙,以便于曲线内侧主桁能在外侧主桁的拽拉下转动。观察反扣轮,防止反扣轮在轨道内扭坏或崩开伤人;当反扣轮影响主桁扭转时,利用反压梁和精轧螺纹钢锚固主桁,松开反扣轮的锚固。为了适应主桁的扭转,主桁的反压梁应适当加长,锚固反压梁的精轧螺纹钢的预留孔应多布几个或者布成长条形孔。

(4)压主桁

当曲线内外侧挂篮全部行走到位后,先锚固主桁的反压梁,确保挂篮安全。

(5)调轨道

轨道与主桁不在一个垂直面内时,需顶起挂篮,调整轨道的位置,使反扣轮能扣在轨道上。

4.4.1.3 实施效果

2017年6月至2018年10月,南沙大桥S1标东涌互通立交5座悬浇梁、16个T构全部合龙完成。施工期间,没有中断被跨线的交通运行,成功实现施工、运营两不误,获得了各界好评,取得了良好的经济效益和社会效益。挂篮防护工艺被称为跨线施工标准防护工艺,在广东省内推广使用。

### 4.4.2 既有线路上净空不足的小箱梁施工工艺

4.4.2.1 关键问题

南沙大桥起点东涌互通立交主线桥需下穿、上跨多条既有线路,采用节段悬浇施工。主线桥20~25号墩基础采用端承型钻孔灌注桩,下部结构采用板式墩身;上部结构为一联五跨的连续刚构,采用单箱双室预应力混凝土箱梁结构和节段悬浇施工工艺,其中第三跨(22~23号墩)采用钢壳预应力混凝土箱梁上跨既有线 C 匝道。在上跨既有线 C 匝道时,施工净空不足 29cm,常规方法无法在不影响既有线运营的前提下进行跨线施工。

下文以右幅为例进行阐述。右幅跨径组合(31.5+49.5+45.674+66+54)m,箱梁标准段顶宽 16.5m,边腹板为斜腹板、中腹板为直腹板,采用 C55 混凝土。主线二桥 20~25 号墩右幅悬浇箱梁立面布置如图 4-36 所示。

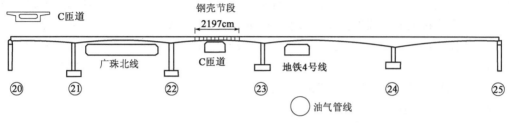

图 4-36　主线二桥 20~25 号墩右幅悬浇箱梁立面布置图

#### 4.4.2.2　解决方案

通常采用挂篮悬浇进行跨线施工时,需在挂篮下方设置兜底平台或者在通行净空上搭设防护棚,来实现对既有线的防护,防止可能的坠物对既有线造成影响,确保既有线的运营安全。

根据模拟计算,兜底平台(或防护棚)、挂篮底篮和挂篮行走所需的空间累计至少需要 2m,即待建桥梁底部与被跨线路面顶部之间的施工空间不能小于行车道净空+2m 的距离。

根据待建桥的设计高程和 C 匝道桥面的实测标高,经计算,在扣除行车道净空后,上跨施工时最小施工空间仅 29cm,小于施工所需的 2m 施工空间,无法采用挂篮进行跨线悬浇施工。

为解决跨线施工的问题,按照常规思路提出了以下两种解决方案:

(1)限行方案,即将行车道通行净空降低至 3m,允许小车通行,大车绕行,并在挂篮底搭设防坠落棚,确保通行安全。据已有的测试结果,超高车辆闯入的概率为十万分之一,即事故发生概率为十万分之一。根据监测结果,该匝道每天通过的车辆为 7 万~8 万辆,安全风险巨大。

(2)绕行方案,即在跨线施工期间,封堵 C 匝道,全部车辆采取绕行方案。据测算,在施工期间,该匝道运营收入的直接损失将达 1.2 亿元,经济效益差,社会影响大。

由此可知,常规的解决措施都有难以逾越的缺陷。通过研究,在跨线部位设计一种钢壳,既作为混凝土浇筑的模板,又是混凝土箱梁结构一部分,在跨线施工阶段还能起到防护作用。同时采用移动模架的受力体系,应用节段悬浇技术的模架悬浇工艺进行跨线施工,解决净空不足跨线施工的安全运营问题,具体方案介绍如下:

1)模架悬浇跨线施工步骤

模架悬浇跨线施工总体步骤:①钢壳加工完成后,吊装至 C 匝道两侧的支架上临时固定,钢壳底高出行车道净空;②在 22 号墩、23 号墩上采用节段现浇施工至临近 C 匝道;③在已浇筑的节段混凝土箱梁上拼装吊装用桁架;④利用桁架起吊钢壳并提升至箱梁底板高程处,形成类似于上承式移动模架的受力体系;⑤利用挂篮和桁架,分别对称于 22 号墩、23 号墩进行节段悬浇施工和节段预应力施工;⑥采用节段悬浇施工的合龙施工工艺进行合龙段的施工,拆除吊装桁架和临时支架,完成跨线施工。

2)钢壳结构及吊装用桁架

(1)钢壳分节及节段之间的连接

钢壳长度根据跨线需要进行设计,满足跨线防护要求即可。本项目钢壳分三段按箱梁监控线形加工,整段长度为21.97m,2m长合龙段处钢壳通过螺栓和连接板与其两侧的钢壳连接成整体。底板连接板上的螺栓孔设置为纵桥向的长条形孔,腹板连接板上的螺栓孔一半设置为纵桥向的长条形孔、一半设置为高度方向的长条形孔,两种类型的孔交错布置。利用长条形孔,以适应施工过程中钢壳在纵向的变形和高度上的位移。待合龙段两侧节段的预应力张拉完成后,拧紧钢壳连接螺栓,进行钢壳内合龙段的施工。

(2)钢壳内部构造

如图4-37所示,钢壳类似于钢模板结构,由面板、纵横肋、支撑桁架和吊杆组成。纵横肋替代箱梁底板底层水平钢筋网,纵横肋与底板顶层水平钢筋网之间采用架立筋连接成整体;面板上布置剪力钉,钢壳通过纵横肋和剪力钉与混凝土连接成整体。钢壳中间的支撑桁架作为钢壳的支撑体系,按照在起吊安装和混凝土施工过程中防止钢壳失稳的要求进行布置和设计。

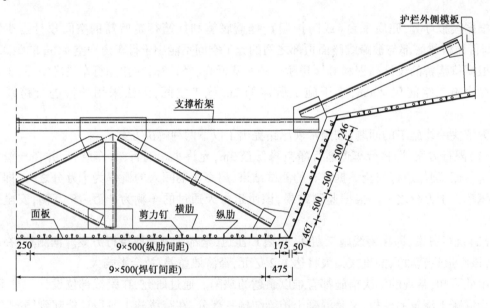

图4-37 钢壳桁架1/2断面结构图(尺寸单位:mm)

(3)钢壳吊杆及吊装用桁架

如图4-38所示,钢壳通过布置在其底板上的吊杆悬吊在其上方的桁架上。吊杆的布置间距按照钢壳底板和吊杆的承载能力进行设计。待浇节段的预应力张拉完成后,拆除该浇筑节段上吊杆与钢壳底板之间的连接。吊杆的张力通过布置在桁架上的穿心千斤顶,按照监控计算提供的数据分级、分批进行调整。桁架在钢壳上方横跨C匝道,通过垫梁支撑在已浇节段混凝土上。

根据设计计算,本项目采用双层贝雷梁作为吊装桁架,采用精轧螺纹钢作为吊杆悬吊钢壳。

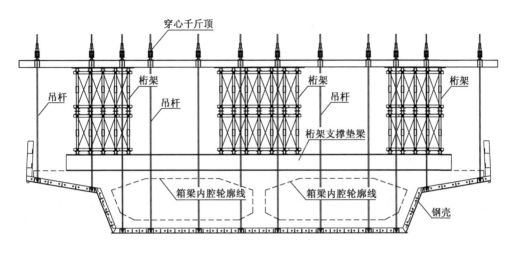

图 4-38　钢壳吊杆断面布置图(未示意支撑桁架)

3)施工准备

如图 4-39 所示,按照拼装挂篮和支撑桁架所需的长度要求,采用支架法施工 22 号墩和 23 号墩 0 号块、1 号块、2 号块;同时在 C 匝道两侧搭设钢管支架,将钢壳整段吊装至临时支架上。

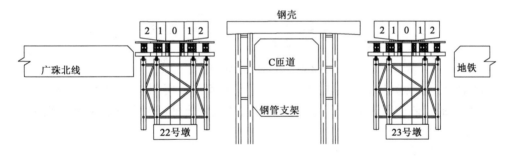

图 4-39　施工准备

钢壳跨线吊装时,需要临时封闭 C 匝道。钢壳吊装完成至跨线施工完成,C 匝道均可正常运营。

4)挂篮和桁架安装

如图 4-40 所示,在墩顶拼装 22 号墩小里程侧、23 号墩大里程侧挂篮;同时在 22 号墩大里程侧、23 号墩小里程侧安装吊架,挂篮侧利用挂篮起吊混凝土模板系统,桁架侧利用桁架起吊混凝土模板系统。挂篮和桁架安装验收完成后,对挂篮和桁架进行预压施工,以检验其承载能力,并消除非弹性变形。

5)混凝土节段施工

按照悬浇施工工艺,挂篮和桁架依次同步、对称悬浇 3 号块、4 号块混凝土,并按要求分节、依次完成预应力施工。

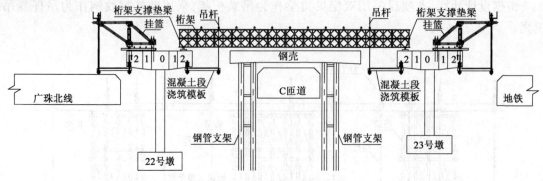

图 4-40 安装挂篮和桁架

6) 钢-混凝土过渡段施工

待悬浇节段到达钢壳段时,桁架整体提升钢壳至设计位置,此时钢壳伸入 5 号块段内。如图 4-41 所示,部分吊杆穿过钢壳起吊混凝土模板外包钢壳,其余吊杆全部悬吊在桁架上,进行钢-混凝土过渡段混凝土的浇筑和预应力施工。

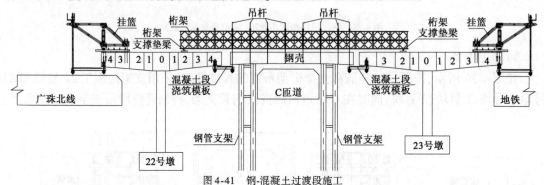

图 4-41 钢-混凝土过渡段施工

由于桁架已全部起吊钢壳,在 22 号墩、23 号墩跨间形成类似于移动模架的受力体系,但仍按节段悬浇的工艺分节施工。桁架起吊钢壳后,通过调节吊杆来调整钢壳的断面高程,使钢壳线形与要求的线形相符。

7) 钢壳内节段施工

如图 4-42 所示,拆除混凝土模板系统,C 匝道上方的混凝土节段利用钢壳作为模板,与挂篮侧依次同步、对称进行节段施工。

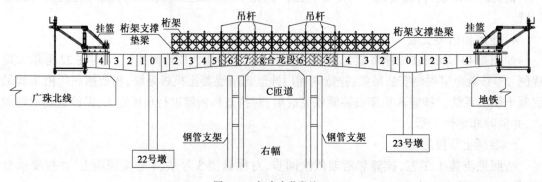

图 4-42 钢壳内节段施工

通过调节吊杆的张力来调整钢壳的线形,以达到协调各节段施工时产生的变形。因此,吊杆的张力一直处于调整和变化中,需要实施监测,根据监测结果修正计算模型,再根据计算结果得出张力的调整值。

由于钢壳的兜底防护作用,在 C 匝道上的所有工作均在钢壳内或钢壳上方施工,不用担心构件坠落和水泥浆溅入匝道的运行区域,也降低了施工人员在既有线上方施工的恐惧感、紧张感,安全有保障,工作效率更高。

8) 合龙段施工

对称悬浇至合龙段时,在监测箱梁线形满足设计要求后,拧紧钢壳连接螺栓,锁定合龙段两侧的混凝土箱梁,在温度相对稳定时完成合龙段混凝土的施工。

待合龙段预应力施工完成后,在地面拆除墩身两侧的临时锚固和临时支撑,在桥面拆除挂篮和桁架,钢壳作为混凝土箱梁的一部分不予拆除,完成跨线施工。

9) 吊杆张力调整

根据整体模型设计计算,单根吊杆的最大受力控制在 89.9kN 之内,每个断面横桥向分布有 12 根吊杆,即每个断面可承受 1078.8kN。

每次浇筑混凝土之前在控制值范围内调整吊杆张力,施工过程中单排吊杆最大拉力为 685kN( <1078.8kN),满足要求。吊杆编号示意图见图 4-43,施工阶段每排吊杆的调整量见表 4-15。

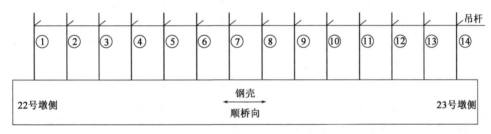

图 4-43 吊杆编号示意图

**施工阶段每排吊杆的调整量统计**(单位:mm)　　表 4-15

| 吊杆编号 | 施工阶段 | | | | |
| --- | --- | --- | --- | --- | --- |
| | 22 号墩 6 号块 | 23 号墩 5 号块 | 22 号墩 7 号块 | 22 号墩 8 号块 | 23 号墩 6 号块 |
| 1 | -6 | | | | |
| 2 | -7 | | | | |
| 3 | -8 | | -5 | | |
| 4 | -9 | | -6 | | |
| 5 | -10 | | -7 | | |
| 6 | -11 | | -8 | 0 | |
| 7 | -12 | | -9 | 0 | |
| 8 | -13 | | -10 | 0 | |
| 9 | | -5 | | | 0 |
| 10 | | -4 | | | 0 |
| 11 | | -3 | | | 0 |
| 12 | | -2 | | | |
| 13 | | -1 | | | |
| 14 | | | | | |

10）不平衡弯矩计算

由于桁架与挂篮重量不匹配,在桁架与挂篮拼装之前,根据对称悬浇施工时产生的最大不平衡弯矩,复核22号墩、23号墩身的受力情况,确保墩身受力安全。当墩身自身刚度无法满足要求时,增加临时支撑或临时锚固,以共同抵抗悬浇施工过程中的不平衡荷载。在吊架施工过程中,计算得到22号桥墩和23号桥墩在吊架施工过程中墩顶和墩底的弯矩和墩顶偏位,如表4-16所示。

施工过程中22号墩和23号墩受不平衡荷载下的弯矩和偏位　　表4-16

| 序号 | 施工工况 | 22号墩弯矩（kN·m） | 23号墩弯矩（kN·m） | 22号墩顶偏位（mm） | 23号墩顶偏位（mm） |
|---|---|---|---|---|---|
| 1 | 钢壳支架安装 | -1000 | 458 | -2.1 | 0.8 |
| 2 | 吊架安装 | -1000 | 458 | -2.1 | 0.8 |
| 3 | 22号墩、23号墩3号块混凝土湿重 | -209 | -209 | -0.5 | -0.4 |
| 4 | 22号墩、23号墩成形 | 27.7 | -600 | 0.0 | -1.2 |
| 5 | 预应力张拉3号块 | 37.5 | -600 | 0.1 | -1.2 |
| 6 | 22号墩4号块混凝土湿重 | -3620 | -1040 | -8.1 | -2.0 |
| 7 | 22号墩4号块成形 | -1990 | -6570 | -4.7 | -1.3 |
| 8 | 预应力张拉22号墩4号块 | -1990 | -657 | -4.8 | -1.4 |
| 9 | 移动吊架支座 | 401 | -3220 | 0.3 | -6.0 |
| 10 | 拆除部分贝雷架 | 3330 | -6010 | 6.2 | -10.6 |
| 11 | 起吊钢壳 | 3440 | -6120 | 7.0 | -11.3 |
| 12 | 拆除钢壳支架 | 3130 | -5800 | 6.4 | -10.8 |
| 13 | 22号墩5号块、23号墩4号块混凝土湿重 | 1240 | -741 | 2.6 | -1.6 |
| 14 | 22号墩5块23号墩4号块 | 2110 | -2030 | 4.8 | -4.2 |
| 15 | 预应力张拉4号块、5号块 | 2750 | -2480 | 6.2 | -5.0 |
| 16 | 22号墩6号块混凝土湿重 | 1770 | -2450 | 4.1 | -5.0 |
| 17 | 浇筑22号墩6号块 | 1480 | -2240 | 3.6 | -4.7 |
| 18 | 预应力张拉22号墩6号块 | 2290 | -2110 | 5.3 | -4.4 |
| 19 | 23号墩5号块混凝土湿重 | 1960 | -64.9 | 4.7 | -0.6 |
| 20 | 浇筑23号墩5号块 | 1980 | -11.7 | 4.8 | -0.4 |
| 21 | 预应力张拉23号墩5号块 | 1710 | -1450 | 4.2 | -2.9 |
| 22 | 22号墩7号块混凝土湿重 | 366 | -1450 | 1.2 | -3.0 |
| 23 | 浇筑22号墩7号块 | -2.75 | -1170 | 0.3 | -2.6 |
| 24 | 预应力张拉22号墩7号块 | 1120 | -952 | 2.7 | -2.2 |
| 25 | 23号墩6号块混凝土湿重 | 1420 | 343 | 3.4 | 0.2 |
| 26 | 浇筑23号墩6号块 | 846 | 1310 | 2.2 | 2.3 |
| 27 | 预应力张拉23号墩6号块 | 388 | -3600 | 1.2 | -6.5 |
| 28 | 22号墩8号块混凝土湿重 | -1180 | -3760 | -2.3 | -7.3 |

续上表

| 序号 | 施 工 工 况 | 22号墩弯矩 (kN·m) | 23号墩弯矩 (kN·m) | 22号墩顶偏位 (mm) | 23号墩顶偏位 (mm) |
|---|---|---|---|---|---|
| 29 | 浇筑22号墩8号块 | −1610 | −3430 | −3.5 | −7.0 |
| 30 | 预应力张拉22号墩8号块 | −265 | −3150 | −0.7 | −6.5 |
| 31 | 22~23号合龙湿重 | 1840 | −5220 | −1.0 | −6.3 |
| 32 | 22~23号合龙 | 1930 | −5240 | −0.9 | −6.4 |

注：墩顶位移"+"表示向大里程方向偏位，"−"表示向小里程偏位；弯矩"+"表示正弯矩，"−"表示负弯矩。

图4-44、图4-45分别表示在施工过程桥墩不平衡弯矩和墩顶位移随施工工况的变化（横坐标为表4-6中施工工况所对的序号），墩顶位移和桥墩所受弯矩成相关性。

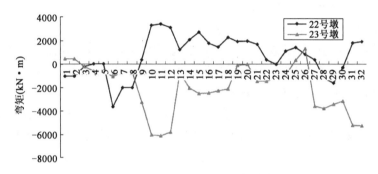

图4-44 吊架施工过程桥墩弯矩变化

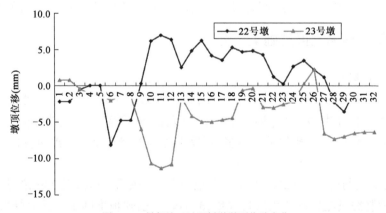

图4-45 吊架施工过程桥墩墩顶位移变化

根据桥墩弯矩计算结果，采用压重措施为：22号墩小里程侧的压重量应对桥墩造成3000kN·m弯矩的影响量；23号墩大里程侧的压重量应对桥墩造成3000kN·m弯矩的影响量，在"浇筑22号墩5号块、23号墩4号块"时减少压重为0；在合龙阶段对23号墩大里程侧压重对桥墩造成$5.3\times10^3$kN·m弯矩的影响量。

11）配重设置

在22号墩、23号墩墩顶1号块箱梁底板上距墩顶中心线2m处，各布置4根$\phi$32mm精轧螺纹钢(930级)反拉至承台上,每根精轧螺纹钢预先张拉400kN荷载,则可主动提供3200kN·m的最大弯矩。在墩身两侧各布置2根φ820mm×10mm的钢管立柱支撑在箱梁底,可被动提供支撑力克服不平衡弯矩。φ820mm×10mm钢管立柱的截面面积为$0.025m^2$,承压状态下,偏安全考虑单根立柱按承受2000kN的压力(未考虑压杆稳定系数的影响时,钢管立柱的压应力为80MPa)计算,则钢管立柱可被动提供12000kN·m的最大弯矩,可确保施工安全。

#### 4.4.2.3 工程应用效果

2017年11月18日,右幅钢壳开始吊装;2018年5月23日开始钢壳内的施工,9月4日完成合龙,桥面线形顺畅,钢壳底板平顺,没有鼓包凹陷现象。吊架的最大理论变形为43mm,施工过程中实测的最大变形为27mm,满足要求。模架悬浇跨线施工技术的成功实施,克服了施工净空不足带来的施工困难,达到了当初设想的目标,产生了良好的社会效益和经济效益,将对今后的跨线桥梁设计和施工产生深远影响。

(1)可以有效降低跨线施工桥梁的高程

采用吊架吊装钢壳进行跨线施工的工艺,可以大幅压缩施工空间,从而降低待建桥梁的高程、降低桥墩高度、缩短桥梁的延长线、减少建设征地,社会、经济效益巨大,具有广阔的应用前景。

(2)可以大幅降低跨线施工安全风险

该工艺实施时,只需在跨线吊装钢壳时进行临时封路。待跨线钢壳吊装完成后,其余所有工作均在钢壳内或钢壳上方施工,不用担心构件和人员的坠落、水泥浆的飞溅等,安全施工有保障。

(3)可以保证被跨线路的运营质量

在钢壳吊装完成后,已在被跨线路上方形成一道防护屏障,无需对既有线进行限行分流,没有构件会进入既有线运营区域,既有线的运营不受施工影响,其运营质量有保障。

### 4.4.3 既有线路上顶推施工工艺

#### 4.4.3.1 关键问题

两跨钢箱梁同时上跨地铁、高压油气管线,墩位紧贴地铁或管线,油气管线上方严禁在无防护的条件下布置施工荷载,油气管线两侧各5m范围内不能打桩,地铁两侧各3m范围内不能立柱,可利用空间小,可选择的工艺不多,可投入的辅助措施及设备严重受限于环境。具体关键问题如下:

(1)除7号墩为与桥面斜交的板式墩外,其他均为圆柱墩,最小墩高达13m,抗水平推力小。

(2)受环境制约只能从高处往低处顶推,3.34%为已知顶推施工的最大纵坡,需要防止顶推过程中"溜坡"。若是全部拼装完成后再进行顶推,则拼装阶段和成桥阶段的高差为2×92×3.34% = 6.15(m)。

(3)平曲线半径$R = 200m$的顶推施工,顶推过程中纠偏频繁,纠偏量大,顶推设备、支架等既要适用顺桥向的顶推荷载、竖向的施工荷载,还需较好满足横桥向的纠偏需要。经文献检索,本项目桥梁是采用步履式千斤顶进行顶推施工的最小半径桥梁。

(4)钢箱梁虽然顶底面平行,但成桥状态下,6号墩、8号墩处箱梁底板处横坡为6%,7号墩位处底板的横坡为6.16%,其余各截面横坡均不相同。大横坡增大了钢箱梁倾覆的风险,而各处底板横坡不一样,更增加了顶推施工难度。

#### 4.4.3.2 解决方案

1)8号墩处曲线内侧支点脱空验算

如图4-46、图4-47所示,8号墩处曲线内侧支点低于外侧支点1.3cm,内侧支点脱空,钢箱梁最大变形量为3.8cm,钢箱梁应力最大33MPa。各支点支反力列于表4-17。

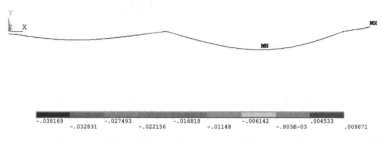

图4-46　8号墩处曲线内侧支点脱空时钢箱梁变形量(单位:m)

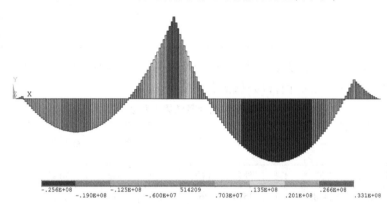

图4-47　8号墩处曲线内侧支点脱空时钢箱梁应力(单位:Pa)

**各支点支反力表**　　表4-17

| 位　　置 | 8号墩 | 7号墩 | 6号墩 |
| --- | --- | --- | --- |
| 曲线内侧(kN) | 0 | 1902.4 | 755.6 |
| 曲线外侧(kN) | 979.8 | 1066.8 | 929.9 |

2)8号墩处曲线外侧支点脱空验算

如图4-48、图4-49所示,在钢箱梁落梁之前,钢箱梁最大变形量为3.7cm,最大应力为34MPa。外侧支点低于内侧支点1.5cm,外侧支点脱空。各支点反力列于表4-18。

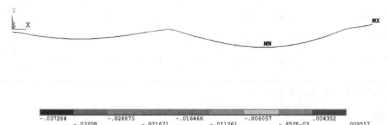

图4-48　8号墩处曲线外侧支点脱空时钢箱梁变形量(单位:m)

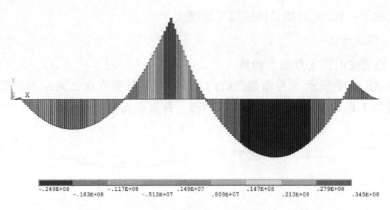

图 4-49　8号墩处曲线外侧支点脱空时钢箱梁应力(单位:Pa)

各 支 点 反 力　　　　　　　　　　　　表 4-18

| 位　置 | 8号墩 | 7号墩 | 6号墩 |
|---|---|---|---|
| 曲线内侧(kN) | 995 | 948.8 | 751.4 |
| 曲线外侧(kN) | 0 | 2015.6 | 923.7 |

根据表4-19计算结果,落梁过程中,除以千斤顶荷载进行控制外,还应以千斤顶行程进行控制,且行程差须控制在5mm内,以确保落梁的安全。

落梁各工况计算结果汇总表　　　　　　　表 4-19

| 序号 | 工况 | 支点反力(kN) | | | | | | 最大变形(mm) | 最大应力(MPa) | 备　注 |
|---|---|---|---|---|---|---|---|---|---|---|
| | | A6 | | A7 | | A8 | | | | |
| | | 内侧 | 外侧 | 内侧 | 外侧 | 内侧 | 外侧 | | | |
| 1 | 落梁前 | 755 | 934.8 | 1437 | 1510 | 468 | 530 | 40 | 33 | |
| 2 | 7号支点全部脱空 | 301 | 2705 | 0 | 0 | 108 | 2521 | 590 | 152 | 倾覆,内外支点高差550mm |
| 3 | 7号内侧支点脱空 | 1318 | 434 | 0 | 2804 | 1087 | 0 | 45 | 29 | 内侧支点比外侧低21mm即脱空 |
| 4 | 7号外侧支点脱空 | 106 | 1568 | 2976 | 0 | 0 | 1002 | 47 | 32 | 外侧支点比内侧低25mm即脱空 |
| 5 | 8号支点全部脱空 | 649 | 240 | 3375 | 1370 | 0 | 0 | 640 | 142 | 倾覆,内外支点高差600mm |
| 6 | 8号内侧支点脱空 | 756 | 929.9 | 1902 | 1067 | 0 | 980 | 38 | 33 | 内侧支点比外侧低13mm即脱空 |
| 7 | 8号外侧支点脱空 | 751 | 924 | 949 | 2016 | 995 | 0 | 37 | 34 | 外侧支点比内侧低15mm即脱空 |

注:6号墩情况类似于8号墩,未单独进行计算。

3)落梁步骤

落梁步骤如图4-50所示。

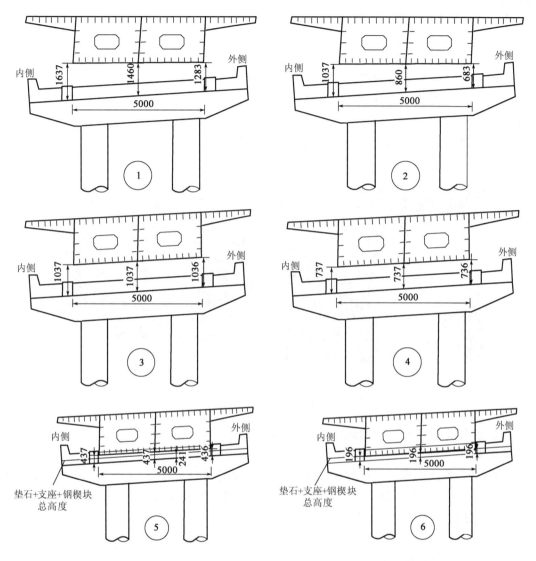

图 4-50 落梁步骤(尺寸单位:mm)

步骤一:顶推到位后,调整钢箱梁的纵坡至设计位置,将钢箱梁中线往外侧预偏移 5.3mm。

步骤二:采用步履式千斤顶+荷载转移墩分次落梁 600mm。

步骤三:内侧支点不动,分次逐级顶起外侧,使其底板最外侧升高 353.4mm,使钢箱梁产生 6% 的横坡。理论上,顶升到位后,箱梁的中线应往内侧偏移 5.3mm,此时需复核箱梁中线、边线是否在理论位置,若有偏差,应及时进行微调。

步骤四:落梁 30cm,再次复核箱梁中线位置、箱梁边线与两侧混凝土挡块之间的距离。

步骤五:落梁 30cm,对齐支座螺栓,暂时不拧紧。

步骤六:将钢箱梁落至支座上,微调平面位置,再次复核纵、横坡,拧紧支座连接螺栓,灌浆,完成落梁施工。

4)曲线梁旋转成坡施工工艺

(1)钢箱梁成坡方式

在钢箱梁内外腹板等高的情况下,平曲线钢箱梁横坡成坡有两种方式。

成坡方式1(图4-51):钢箱梁各横截面沿设计中心线的径向方向旋转6%成坡。

特点:桥面为圆锥环,底板不在平面上,且该圆锥任意母线的坡度为6%,即任意沿径向的箱梁横截面顶板横坡均为6%。该成坡方式可以看作纸质雨伞的环面,雨伞骨架类似圆锥母线,每根骨架坡度沿径向相同,两骨架中间为平面,体现出以直代曲的思想;相邻骨架位于同一个平面上。

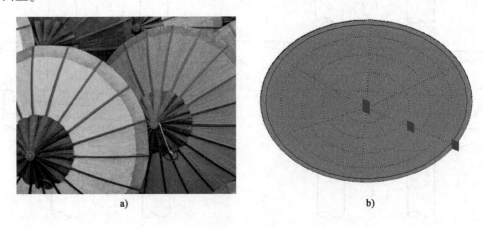

图4-51 成坡方式1示意图

成坡方式2(图4-52):钢箱梁顶、底板均为平面,沿两端点连线旋转形成横坡,并控制端截面的横坡为6%。

特点:两端截面沿径向横坡为6%,中间墩位处的横坡为6.16%,其余各截面横坡均不相同。该成坡方式可以看作扇子的扇面,绕下边直线旋转$i\%$坡度后,最中间骨架坡度最大,为$i\%$,其他骨架坡度均小于$i\%$,两端骨架坡度为0。

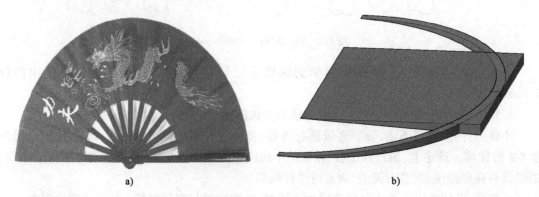

图4-52 成坡方式2示意图

成坡方式1的箱梁顶底板位于空间曲面上,加工和顶推施工的难度都比较大,但是梁顶的混凝土是等厚的。

成坡方式2在各断面的横坡是不一样的,为使梁顶的横坡一致,则各处混凝土的厚度也是不一样的。由于梁顶底是在两个相互平行的平面上,对加工和顶推施工来说都比较方便。

本项目采用第二种成坡方式来实现钢箱梁的横坡要求。

(2)旋转过程各点高程变化情况

如图4-53所示,钢箱梁旋转时,以A6、A8内侧步履式千斤顶的连线作为旋转轴,其他点位相对旋转轴进行旋转,即在旋转过程中,A6外侧、A8外侧、A7内侧、A7外侧各处步履式千斤顶的行程是不一样的。在旋转之前,应根据步履式千斤顶的实际位置和旋转半径,提前计算好相匹配的行程,防止因各处旋转不同步而给钢箱梁造成过大的次内力,甚至引起倾覆或破坏。每次落梁各点高程变化对比见表4-20。

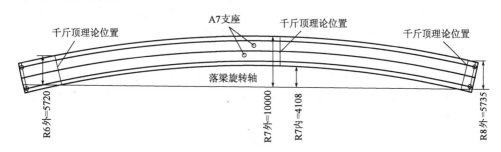

图4-53 落梁时旋转轴示意图(单位:mm)

**每次落梁各点高程变化对比**(单位:mm)　　　　表4-20

| 累计落梁高度 | A6内侧顶部 | A6外侧顶部 | A7内侧顶部 | A7外侧顶部 | A8内侧顶部 | A8外侧顶部 |
|---|---|---|---|---|---|---|
| 50 | 0 | 49 | 35 | 85 | 0 | 49 |
| 100 | 0 | 97 | 70 | 170 | 0 | 98 |
| 150 | 0 | 146 | 105 | 255 | 0 | 147 |
| 200 | 0 | 194 | 140 | 340 | 0 | 196 |
| 250 | 0 | 243 | 175 | 425 | 0 | 245 |
| 300 | 0 | 291 | 210 | 510 | 0 | 294 |
| 353.4 | 0 | 343 | 247 | 601 | 0 | 346 |

(3)旋转过程钢箱梁支撑点横桥向间距变化情况

在整体旋转过程中,钢箱梁底板的水平投影长度一直在变短,即钢箱梁底板上支撑点的水平间距一直在变化。为减少旋转过程中支点间距变化而引起千斤顶的附加力,防止千斤顶损坏,每次旋转时,变化高度控制在50mm。

每次旋转变化高度与支点横桥向间距变化对比见表4-21。

**每次旋转变化高度与支点横桥向间距变化对比**　　　　表4-21

| 箱梁底板长<br>(mm) | 每次旋转变化高度<br>(mm) | 剩余高度<br>(mm) | 千斤顶间距变化<br>(mm) |
|---|---|---|---|
| 5890 |  | 353.4 |  |
| 5890 | 50 | 303.4 | 2.8 |

续上表

| 箱梁底板长<br>(mm) | 每次旋转变化高度<br>(mm) | 剩余高度<br>(mm) | 千斤顶间距变化<br>(mm) |
|---|---|---|---|
| 5890 | 50 | 253.4 | 2.4 |
| 5890 | 50 | 203.4 | 1.9 |
| 5890 | 50 | 153.4 | 1.5 |
| 5890 | 50 | 103.4 | 1.1 |
| 5890 | 50 | 53.4 | 0.7 |
| 5890 | 53.4 | 0 | 0.2 |

旋转过程中,箱梁底板横坡由0逐渐变化到6%,即箱梁在自重作用下有下滑趋势。在旋转之前,先在各墩处设置侧向限位装置,防止可能出现的下滑。

(4)旋转过程中钢箱梁轴线变化情况

如图4-54所示,将钢箱梁由横坡为0的状态旋转至6号墩、8号墩支座处底板横坡为6%的状态过程中,设定底板内侧边点固定,则桥轴线位置将往内侧偏移5.3mm,底板外侧边点往内侧偏移10.6mm,即旋转到位后,需要重新核实钢箱梁轴线位置。

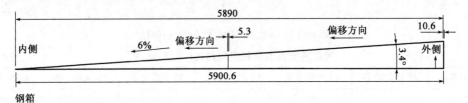

图4-54 钢箱梁旋转到位时中线位移变化示意图(尺寸单位:mm)

#### 4.4.3.3 实施效果

钢箱梁的顶推过程见表4-22。

钢箱梁的顶推过程  表4-22

| 序号 | 施工工序 | 开始时间 | 结束时间 | 持续时间(d) |
|---|---|---|---|---|
| 1 | 管线防护 | 2016.9.10 | 2016.12.10 | 90 |
| 2 | 地铁防护棚施工 | 2017.9.9 | 2017.9.20 | 12 |
| 3 | 钢梁场地硬化 | 2018.3.18 | 2018.4.18 | 30 |
| 4 | 支架搭设 | 2018.8.7 | 2018.9.5 | 29 |
| 5 | 钢梁进场拼接 | 2018.6.18 | 2018.8.10 | 52 |
| 6 | 第一段钢梁吊装 | 2018.9.18 | 2018.9.22 | 4 |
| 7 | 第一段钢梁焊接 | 2018.9.22 | 2018.10.10 | 9 |
| 8 | 导梁焊接 | 2018.10.10 | 2018.10.20 | 10 |
| 9 | 步履式千斤顶安装 | 2018.11.20 | 2018.11.21 | 2 |
| 10 | 步履式千斤顶调试 | 2018.11.21 | 2018.11.26 | 6 |

续上表

| 序号 | 施工工序 | 开始时间 | 结束时间 | 持续时间(d) |
|---|---|---|---|---|
| 11 | 第一段阶段顶推 | 2018.11.26 | 2018.12.4 | 10 |
| 12 | 剩余钢节段梁吊装 | 2018.12.6 | 2018.12.8 | 3 |
| 13 | 钢箱梁线形调整 | 2018.12.9 | 2018.12.9 | 1 |
| 14 | 钢箱梁焊接 | 2018.12.10 | 2019.1.1 | 23 |
| 15 | 焊缝探伤、修补、防腐涂装 | 2019.1.2 | 2019.1.3 | 2 |

表4-23为钢箱梁顶推功效统计,第一阶段钢箱梁的拼装长度为54m,从11月26日开始顶推至12月4日结束,10d共顶推43.2m,平均每天顶推4.32m;第二阶段9d共顶推44.5m,平均每天顶推4.98m。顶推时,按内弧行程:外弧行程=300mm:310mm进行控制,每次最大行程310mm。每个行程实测钢箱梁横向偏位3~4mm,每天纠偏一次。

**钢箱梁顶推功效统计** 表4-23

| 顶推日期 | 顶推距离(m) | 累计距离(m) |
|---|---|---|
| 2018年11月22日 | 初始状态 | 0 |
| 2018年11月26日 | 顶升试验 | 0 |
| 2018年11月26日 | 2.1 | 2.1 |
| 2018年11月27日 | 5.9 | 8 |
| 2018年11月28日 | 4 | 12 |
| 2018年11月29日 | 3 | 15 |
| 2018年11月30日 | 6 | 21 |
| 2018年12月1日 | 9 | 30 |
| 2018年12月2日 | 5.2 | 35.2 |
| 2018年12月3日 | 0 | 35.2 |
| 2018年12月4日 | 8 | 43.2 |
| 2019年1月4日 | 1.4 | 44.6 |
| 2019年1月5日 | 6.3 | 50.9 |
| 2019年1月6日 | 8.1 | 59 |
| 2019年1月7日 | 6.3 | 65.3 |
| 2019年1月8日 | 5.4 | 70.7 |
| 2019年1月9日 | 5 | 75.7 |
| 2019年1月10日 | 4.8 | 80.5 |
| 2019年1月11日 | 4.9 | 85.4 |
| 2019年1月12日 | 2.3 | 87.7 |

施工过程中,单点的最大竖向顶升力为3139.2kN,满足监控计算控制值3328.3kN(误差为±10%)要求,此时对应的水平顶推力为105.5kN、摩擦系数为0.034。单点的最大水平纠偏力为102.6kN。经统计,顶推过程中摩擦系数为0.02~0.12,纠偏过程中摩擦系数为0.04~0.07。

实测数据显示,顶推过程中的摩擦系数最大值偏大,最小值偏小。分析其原因是在前进过程中,半球铰通过其转动来适应曲线的同时,也带动了竖向顶升顶在滑槽内的偏位,使滑槽侧壁对竖向顶升顶的纵向移动产生了较大的阻力,反映到摩擦系数上即摩擦系数偏大;在竖向顶升顶的正常前进过程中,由于有下坡的存在,减少了水平顶推力,反映到摩擦系数上即摩擦系数偏小。

根据实测的摩擦系数分析,为杜绝钢箱梁溜坡,减小安全风险,在钢箱梁后端设置反拉系统是完全必要的。顶推时,根据顶推行程,先放松反拉系统,放松的距离比顶推行程略大;不顶推时,收紧反拉系统,起到"制动"的作用。

通过对照施工过程,分析纠偏过程中的摩擦系数可知,在动态过程中进行纠偏,纠偏阻力小;在钢箱梁静止后再去纠偏,则纠偏力相对要增大。

## 4.5 下穿既有线路施工工艺及安全控制

跨线施工最突出的矛盾为既有线路的安全运营与新建工程施工安全区域内的协调问题。因此,需要对新建工程与既有线路进行综合管理,确保既有线路的安全运营和新建工程的安全施工。下穿既有线工程面临净空高度不足、施工技术复杂、施工周期长及周边环境影响因素多等问题,现有成熟的施工工艺受下穿既有线路限制难以被直接实施。机械设备的运输与安装、既有线路桥墩的实时量测与监控、同步注浆、人机环管等各环节均应配合协调。同时,在下穿线路复杂的条件下,施工过程中面临的不确定性安全风险因素较多,增加了施工安全风险管理的难度。因此,如何在保证既有线路正常运营的情况下,实现桥梁建造的安全可靠,成为下穿既有线路施工亟待解决的重大难题。本节针对多个施工场景,系统阐述了各施工场景施工的难点与特点、系列关键技术及工程应用效果。旨在多场景、多视角地再现东涌互通立交下穿线路施工的全过程。所提及的施工技术措施和安全技术管理对策,既确保了新建结构的安全和质量,又满足了既有营运桥梁安全生产的需要,可为类似工程提供关键技术支持。

### 4.5.1 既有高速公路下净空不足的小箱梁施工工艺

#### 4.5.1.1 关键问题

主线桥18~20号墩采用小箱梁预制架设施工,与G匝道斜交,且G匝道刚好有一个墩位于主线桥中央分隔带位置,成桥后主线桥与G匝道之间的净距为5.6m,架桥机和起重机无法直接将小箱梁安装到位。

#### 4.5.1.2 解决方案

针对主线桥18~20号墩小箱梁架设施工净空不足问题,本项目采用小箱梁横向移架施工方案,具体解决方案介绍如下:

1)总体安装思路

18~20号墩左右幅箱梁架设方式为:分别在左右幅盖梁外侧搭设支架和上铺横移轨道,利用汽车起重机将小箱梁提升落于移梁小车上,将小箱梁横移至设计位置后落梁于支座上。

2)横移支架设计

横移支架布置如图4-55、图4-56所示,横移支架采用钢管贝雷结构形式与墩身相连,以提高支架的稳定性。根据设计图纸及现场实际情况,19~20号墩处桥面距离地面高度约15.6m,在贝雷架上铺设横移轨道至盖梁移梁位置后,铺设聚四氟乙烯板通过移梁平车,采用人工手拉葫芦将梁移到设计位置后,用千斤顶将梁落在支座上。

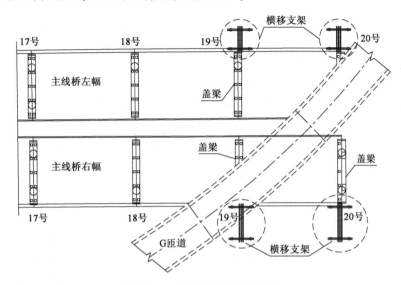

图 4-55 横移支架平面布置图

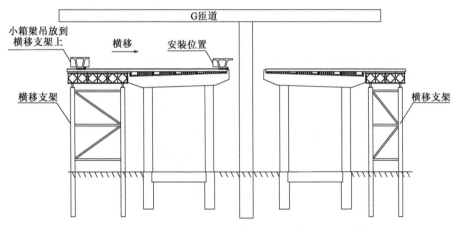

图 4-56 横移支架立面布置图

3) 起重机选型

根据最大吊装质量及吊装高度,选择2台汽车起重机(1台200t及1台230t)作为小箱梁吊装设备,完成20片小箱梁架设。

根据表4-24可知,小箱梁跨径25m,边梁质量79.6t,230t汽车起重机自重72t、支腿全伸9m×9m、配重65t,吊梁状态下每个支腿平均受力442.5kN,考虑到吊梁状态下起重机的转动,配重及梁体处于相应的支腿位置时支腿的受力相应增大,因此计算时按照每个支腿受力700kN考虑,支腿下方铺垫2.2m×2m路基板,计算得到地基承载力不小于159kPa。为满足地基承载力要求,所有吊装位置地基均采用砖渣进行换填并压实,经地基承载力试验合格后才能进行吊装作业。

主线桥汽车起重机架梁区各项参数　　　　表 4-24

| 部 | 位 | 地面高程(m) | 桥面高程(m) | 高差(m) | 小箱梁跨径(m) | 边梁质量(t) |
|---|---|---|---|---|---|---|
| 主线桥 | 19 号 | 1.2 | 16.81 | 15.61 | 25 | 79.6 |
|  | 20 号 | 1.1 | 16.95 | 15.85 |  |  |

4）现场吊装模拟

（1）左幅 19~20 号墩 25m 梁吊装场地布置

主线桥左幅 19~20 号墩箱梁架设吊装平面布置如图 4-57 所示，19~20 号墩位于东涌互通立交 G 匝道下方，起重机无法将梁体吊装放置盖梁上，需在盖梁外侧搭设移梁支架，起重机将梁体吊装至移梁支架上，然后水平横移到对应位置，吊装时一台布置于 19 号墩位置，另外一台布置于 20 号墩位置，架设时预制梁经运梁便道运输就位后，两台起重机起吊，由桥梁轴线位置向外侧依次架设箱梁。

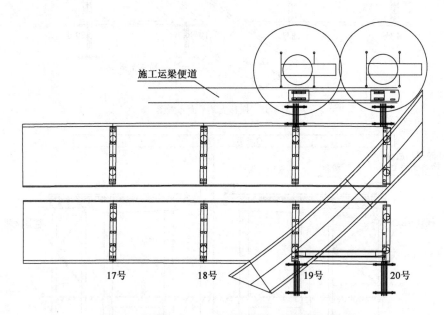

图 4-57　主线桥左幅 19~20 号墩箱梁架设吊装平面布置

（2）右幅 17~19 号墩 25m 梁吊装场地布置

主线桥右幅 17~19 号墩箱梁架设吊装平面布置如图 4-58、图 4-59 所示，由于 18 号墩位于东涌互通立交 G 匝道下方，位于其下方的梁体采用汽车起重机无法直接吊装到位，因此采用起重机在内侧将小箱梁吊装放置到盖梁上，通过移梁轨道水平横移就位。

右幅 17~18 号墩箱梁架设采用吊车直接吊装就位，位于 18 号墩位置的起重机吊装完 3 片之后移动一次，完成剩余 2 片梁的吊装。

5）架设过程注意事项

（1）吊装前要对吊装位置地基做好处理，使地形平坦、地基承载力达到施工要求，并在汽车起重机支腿下铺设枕木或钢板，同时对横移支架完成联合检查验收。

（2）两台起重机进场就位，运梁车至吊装作业区域内。

(3)试吊:吊点设在正确的位置,钢丝绳与湿接缝钢筋或护栏预埋筋固定到一起,防止钢丝绳从梁端滑脱,钢丝绳和梁体接触处垫钢板。起重机将箱梁起吊,距离运梁车 5~10cm 后,两车均停止起吊,停顿 3~5min,无异常后,起重机方能进行下一步动作。

(4)当小箱梁起升至距梁车面 1.0m 左右后,吊车停止动作,待小箱梁平稳后,检查运梁车与梁体是否接触,确认无接触后运梁车缓慢驶离。运梁车离开后两台起重机配合运动,小箱梁起高至超出盖梁 50cm 后,两台起重机同时旋转至架设位置,待箱梁平稳后,缓慢落钩至距盖梁上方 10~15cm 处(保持梁板平稳),检查支座位置,检查无误后落梁。落梁时平稳缓慢同步落钩,严禁冲击支座。落梁后现场技术员和测量队检测箱梁安装情况,检测合格后,收钢丝绳,完成架设。电焊工焊接连接钢筋。

(5)架设时小箱梁不得倾斜,确保小箱梁安全。以同样的方法把第二片小箱梁边梁安装到位,及时焊接连接钢筋,使其成为整体。按照此方法把剩余小箱梁安装完毕,小箱梁吊装全部结束。

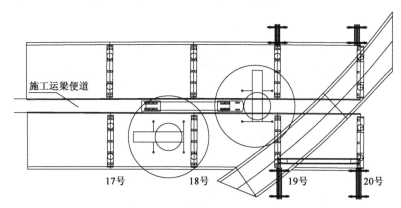

图 4-58　主线桥右幅 18~19 号墩箱梁架设吊装平面布置

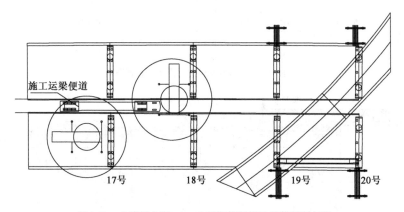

图 4-59　主线桥右幅 17~18 号墩箱梁架设吊装平面布置

#### 4.5.1.3　实施效果

主线桥 18~20 号墩为小箱梁预制架设施工,小箱梁安装精确、进度迅速,成功实现效率、质量两不误,获得了各界好评,取得了良好的经济效益和社会效益,既有高速公路下净空不足的小箱梁安装工艺在广东省内推广使用。

## 4.5.2 高压线下净空不足的小箱梁安装工艺

#### 4.5.2.1 关键问题

因主线桥2~3号墩及74号墩位置均存在高压线,架桥机无法进行架设,因此这两个位置均提前一跨利用架桥机将梁体落在纵向顶推支架上,纵向移梁至相应孔位之后,通过盖梁上的横移轨道横向移动至设计位置。

#### 4.5.2.2 解决方案

针对主线桥2~3号墩和74号墩位置均存在高压线下净空不足问题,本项目采用纵横移梁支架施工方案。具体解决方案介绍如下:

1)纵横移梁支架设计

纵向移梁支架采用钢管贝雷结构形式,上方铺设分配梁,在分配梁上安放移梁轨道。为保障支架结构安全,将纵移支架和墩身进行可靠连接,结构形式如图4-60、图4-61所示。

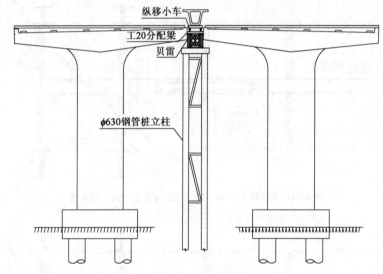

图4-60 小箱梁纵移支架横断面布置图

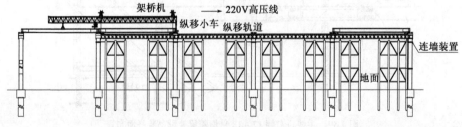

图4-61 小箱梁纵移支架纵断面布置图

移梁施工时,首先利用架桥机在固定跨将梁提升前移落至纵移小车上,启动纵移小车电机,缓慢将梁体移至待安装跨,纵向移梁就位后确保梁体纵桥向位置准确,固定纵移小车,利用千斤顶将梁体转化至横移轨道上之后,通过千斤顶顶住梁体的一端,使梁横移到设计安装位置;然后采用千斤顶将梁落在支座上,横桥向依次从最外侧向纵移支架位置安装,落梁之前需拆除对应位置的横移轨道。

2) 主线一桥 0~4 号墩及主线二桥 72~76 号墩箱梁架设

以主线二桥 72~76 号墩箱梁架设为例,架设之前,自 72 号墩至 76 号墩每孔搭设一组纵向移梁支架,架桥机位于 72~73 号墩位置,起吊梁体将梁落在 72~73 号墩之间的纵移支架上,然后通过纵移支架纵向将梁体移至 75~76 号墩位置,再通过设置于 75 号、76 号墩盖梁上的横移轨道将梁横移至设计位置,采用千斤顶将梁从横移轨道上落至支座上。依次架设 76~75 号墩跨、75~74 号墩跨、74~73 号墩跨。在 74~73 号墩跨小箱梁架设完成后,架桥机前支腿由支撑在盖梁上转化至支撑在箱梁上,利用架桥机架设 73~72 号墩跨小箱梁。

(1) 箱梁纵移施工

根据总体架设计划,先纵移后横移的箱梁运输均采用桥上运梁,运梁车将梁体运至架桥机位置,架桥机提梁天车前移落梁于自带动力的纵移小车上,启动纵移小车纵向缓慢移梁。移梁轨道对应位置放置在盖梁上的横向移梁轨道在此断开,预留纵移施工空间,架桥机前支腿轨道同样断开。纵移构造如图 4-62 所示。

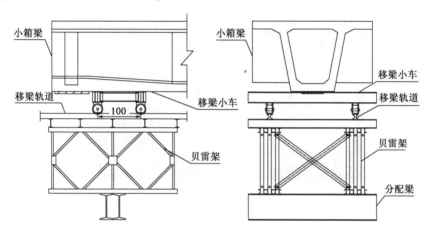

图 4-62　纵移构造图(尺寸单位:cm)

纵向移梁施工过程如下。

步骤一:安装纵移系统,清理轨道,桥上运梁至架桥机位置,架桥机提梁落于纵移小车上。

步骤二:启动移梁平车电机,使箱梁纵向平移,每台平车安排专人跟踪值守。

步骤三:箱梁纵向平移到设计位置后,固定移梁平车,完成箱梁纵移施工。

(2) 箱梁横移施工

箱梁纵向平移到位之后,开始横桥向平移,横向平移到位之后落梁就位。横向平移采用在盖梁上布设横移轨道,横移轨道平放在左右幅盖梁支座垫石上。通过用千斤顶顶住梁体一侧,横向移动箱梁至设计位置。

步骤一:如图 4-63 所示,安装位于中央分隔带上方的横移轨道,布设千斤顶将梁落于横移轨道上,落梁后箱梁底面比纵移平车顶面高出 5cm 左右,确保横移时箱梁脱离纵移平车。

步骤二:如图 4-64 所示,利用千斤顶顶住梁体一侧,使梁体横移到设计位置。

步骤三:如图 4-65 所示,落梁到位。

引桥及互通立交

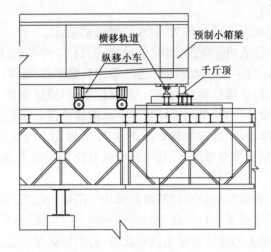

图 4-63 步骤一图示

图 4-64 步骤二图示

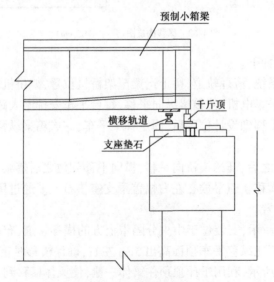

图 4-65 步骤三图示

箱梁横移到位后,利用倒链葫芦临时固定。采用千斤顶进行落梁,千斤顶底部利用枕木及钢板等支垫。

箱梁落梁顺序如下:

①液压千斤顶向上稍微顶起 2~5cm 后,将横移轨道移出。

②在支座上放置一个快换活塞式钢桶,高度按照千斤顶最低高度设置。两侧千斤顶同时回油下降。

③待箱梁底板压至钢桶顶后,由钢桶承受箱梁重量。抽掉 20cm 高的千斤顶底部的枕木或钢板。

④千斤顶放回枕木顶部,充油向上顶住箱梁底板后,再往上顶 2~5cm。

⑤卸除钢桶,两侧千斤顶同时回油,箱梁下落。

⑥重复②~⑤步骤,直到千斤顶底部枕木或钢板全部移除。

⑦由于支座垫石+支座+楔形块约 30cm 高,千斤顶约 22cm 高,最后一次千斤顶回油之前,将支座放于垫石之上,梁体直接落在支座上,取出千斤顶,完成落梁。

主线一桥 0~4 号墩箱梁纵横移方式与主线二桥 72~76 号墩相同,架设顺序由 0 号墩往 4 号墩,3~4 号墩在最后采用架桥机完成架设。

3) 支架拆除

纵横移架设完成后即可进行纵移支架的拆除。将卷扬机布置于小箱梁顶面,利用卷扬机起吊贝雷梁下的靠近墩身的桩顶分配梁(4 个点),先拆除钢管立柱和平联,再整体下放贝雷梁和轨道,完成支架的拆除。

#### 4.5.2.3 实施效果

主线一桥 2~3 号墩及主线二桥 74 号墩位置均存在高压线,采用提前一跨利用架桥机将梁体落在纵向顶推支架上,纵向移梁至相应孔位之后,通过盖梁上的横移轨道横向移动到设计位置,顺利完成了 2~3 号墩及 74 号墩位置的小箱梁安装,为高压线下净空不足的小箱梁安装积累了经验。主线一桥施工,达到了预期的目的,确保了施工安全。

### 4.5.3 高压线下钢箱组合梁安装施工工艺

#### 4.5.3.1 关键问题

如图 4-66 所示,南沙大桥东涌互通立交 D 匝道 16~19 号墩跨上跨已通车的南二环 G 匝道,紧邻主线二桥和已通车的 F 匝道,同时 D 匝道 16~19 号墩跨上方两侧有两条 500kV 高压线,分别为顺广乙线、沙广乙线,两条高压线之间的净距为 40~50m。

根据供电局提供的资料并经现场实测核实,顺广乙线距地面高度为 55.7m,沙广乙线距地面高度为 54m。根据《中国南方电网有限责任公司电力安全工作规程》(Q/CSG 51001—2015),起重机与 500kV 架空线路边线之间的最小安全距离为 8.5m(直线距离)。

如图 4-67 所示,D 匝道桥 16~19 号墩上部结构为 3×32.4m 连续钢箱组合梁,平面位于 155m 曲线半径的圆曲线上,纵断面位于纵坡从 3.72% 变化至 -2.65% 的曲线上,横坡 6%,钢箱组合梁桥面处最高的高程为 +30.499m。如图 4-68 所示,钢箱组合梁横向分为两个箱室,单个箱室顶宽 2.7m,底宽 2.1m,梁体净高 1.5m。箱室顶面、箱室之间及悬臂板采用 8mm 厚的封板连接,作为桥面板混凝土施工时的模板。钢箱梁顶面设置 25~45cm 厚的 C50 桥面板+10cm 沥青混凝土桥面铺装,桥面板添加桥梁专用纯纤维,以抑制混凝土早期裂缝。

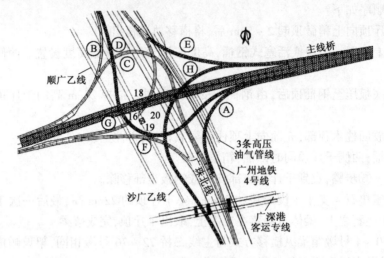

图 4-66 东涌互通立交平面布置图

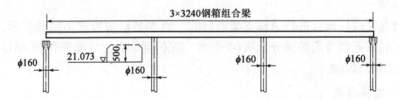

图 4-67 D 匝道 16~19 号墩立面布置图(尺寸单位:cm;高程单位:m)

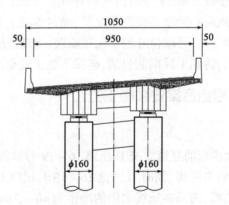

图 4-68 D 匝道 16~19 号墩横断面布置图(尺寸单位:cm)

#### 4.5.3.2 解决方案

根据现场条件,采用分节段制作,吊机分段、分片吊装钢箱组合梁进行安装。横断面上钢箱组合梁横向分 2 个箱室进行吊装,每个箱室沿纵向划分节进行吊装。根据跨径的布置及下有既有高速公路、上有高压线的实际情况下,如图 4-69 所示,将钢箱组合梁在纵向分为 4 节,长度为 10.573m、27.402m、32.4m 与 26.825m,以减少跨线的吊装重量,降低吊臂高度,降低吊装施工风险。纵桥向分段连接处搭设临时支架作为支撑。在各节段吊装完成后,两个箱室横向连接结构现场散装。

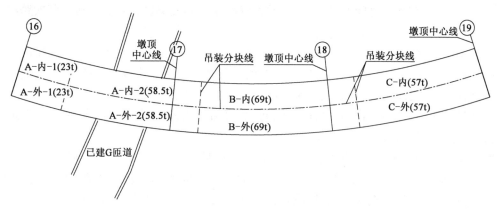

图 4-69 钢箱组合梁吊装分块图

钢箱组合梁拼装支架布置如图 4-70、图 4-71 所示。

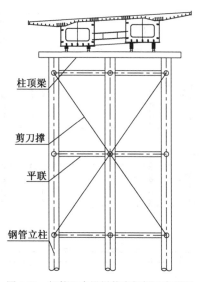

图 4-70 钢箱组合梁拼装支架侧面布置图

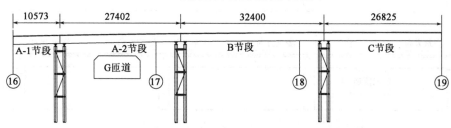

图 4-71 钢箱组合梁拼装支架立面布置图(尺寸单位:mm)

1) 安装流程

安装步骤一:搭设临时支架,采用吊机吊装 A-内-1 和 A-外-1 至墩顶和临时支架顶,调整钢箱梁至设计位置,临时连接两片钢箱梁之间的横向联系。单片钢箱梁吊装时,采取可靠措施,防止梁段侧翻。

安装步骤二:安装跨线段 A-内-2 和 A-外-2 至墩顶和临时支架顶,调整钢箱梁至设计位置,临时连接两片钢箱梁之间的横向联系,并将纵桥向的两段梁进行临时连接。每次跨线吊装时,对既有高速公路进行临时限行,待跨线吊装完成后再放行,确保通行安全。

安装步骤三:依次安装 B、C 节段,每次吊装完成后,及时进行各分片之间的临时连接,防止梁段侧翻。待全部吊装完成后,先完成所有横向联系梁之间的连接,再将纵向分段连接成整体,完成所有钢梁之间的连接,固定支座后即可解除临时支架的支撑。

安装步骤四:绑扎各跨跨中段桥面板钢筋,墩顶钢筋顺桥向暂不连接;自跨中向墩顶浇筑桥面板混凝土,顺桥向长度约 22.4m。

安装步骤五:待跨中混凝土强度达到设计强度 85% 后,自跨中向过渡墩墩顶浇筑桥面板混凝土。待过渡墩墩顶混凝土强度达到设计强度 85% 后,自跨中向墩顶浇筑中墩墩顶桥面板混凝土。

安装步骤六:待桥面板强度达设计强度 100% 后,进行护栏和铺装等的施工。

安装流程如图 4-72 所示。

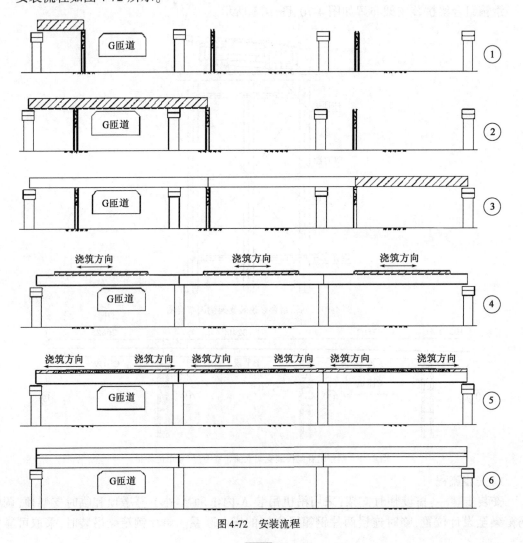

图 4-72 安装流程

桥面板混凝土在全桥纵向分段浇筑的基础上，横桥向按图4-73所示范围分2次浇筑，第1次浇筑混凝土强度超过设计强度的85%后方可进行第2次浇筑。先完成横桥向桥面板混凝土的浇筑，再进行纵向分段混凝土的浇筑。待桥面板混凝土强度达到100%时，进行护栏、铺装等施工。

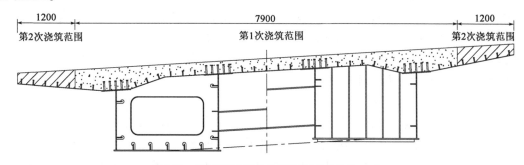

图4-73 桥面板横桥向分次浇筑图（尺寸单位：mm）

2）与高压线之间的相对距离

通过模拟分析，吊装阶段，钢箱梁吊装吊臂与高压线之间的距离如表4-25所示。

钢箱梁吊装吊臂与高压线之间的距离汇总表　　　　表4-25

| 梁段编号 | 吊臂高度(m) | 顺广乙线500kV | | 沙广乙线500kV | |
|---|---|---|---|---|---|
| | | 高压线距地面高度(m) | 高压线与吊臂直线距离(m) | 高压线距地面高度(m) | 高压线与吊臂直线距离(m) |
| C-内 | 43.6 | 55.7 | 53.974 | 54 | 13.688 |
| C-外 | 43.6 | 55.7 | 33.464 | 54 | 20.616 |
| B-内 | 42.4 | 55.7 | 28.938 | 54 | 22.689 |
| B-外 | 50.4 | 55.7 | 18.285 | 54 | 26.743 |
| A-内-2 | 47.1 | 55.7 | 19.949 | 54 | 40.788 |
| A-外-2 | 47.1 | 55.7 | 15.671 | 54 | 45.625 |
| A-内-1 | 38.5 | 55.7 | 21.865 | 54 | 30.614 |
| A-外-1 | 38.5 | 55.7 | 19.459 | 54 | 30.614 |

从表4-25中可以看出，起重机吊臂与高压线之间的净距均大于规范要求的8.5m，能满足吊装安全要求。但是在东涌互通立交其他位置进行钢梁吊装发现，由于输变电工程中的高压电电荷会形成一个电场，钢梁作为细长构件在起吊过程中不断切割电场磁力线，导致磁通量变化而产生感应电动势，即使起重机吊臂与500kV高压线之间的距离大于30m，若不采取专项措施，起重机、钢梁上仍有很强大的感应电流，危及吊装安全。特别是本次吊装施工是在两条500kV高压线之间进行，其感应电流对吊装的危害性更大。

3）吊装天气的选择

随着空气湿度及污染情况变化，感应电流强度也会发生相应变化。空气越潮湿、污染越严重，感应电流强度越大。因此应选择晴朗、无风或微风的天气进行吊装，遇到六级及以上大风、雷、雨、雾、高温等恶劣天气，必须停止高压线下一切作业活动。

高压线范围内的施工场地保持洒水润湿，避免扬尘对高压线产生影响。现场所有的弃物、覆盖物均要压实,避免刮风卷起,造成线路短路触电事故。

吊装施工前,应使用温湿度计对施工现场的湿度进行监测。当空气湿度达到70%以上时,不得进行起重吊装等危险性较大的作业,防止发生触电事故。

4) 吊装时段的选择

由于高压线的输送电负荷是随时段发生变化的,下游用户电负荷大,则输送电量大,因此应提前与高压电供电管理所进行沟通,了解其负荷变化曲线,选择用电负荷较小的时间段进行吊装施工,由导线表面"电晕"现象而产生的高频电磁波辐射也比较少,由此而产生的感应电流也较少,对施工的危害也相对较轻。

5) 接地要求

接地是削弱高压电产生感应电流的最有效手段。吊装前,对起重机和钢箱梁分别接地,要求采用接地性能良好的扁钢插入接触良好的土壤中不少于60cm,不能插入石头地。

接地线采用有护套的多股软铜线,接地铜线的截面面积不应小于$25mm^2$。接地铜线与扁钢、起重机、钢箱梁之间的连接尽量不要采用缠绕的方法,而是采用螺栓固定的连接方法,确保接触良好、连接可靠。起重机上的接地线不要少于两处,钢梁上同样需要接地。由于吊装过程中钢梁的平面位置不断发生变化,应选择好接地插入的点位,并预留足够长度的接地铜线;随着高度的增加,接地铜线悬吊的自重也随着增加,铜线与钢梁之间的连接要牢靠,防止吊装时被拉脱、拉断而影响接地效果。整个吊装过程中,要有专人关注接地铜线,防止被其他构筑物拉断。由于钢梁上进行了防腐涂装,要将接地铜线与钢箱梁上的接触点位防腐涂层打磨干净,确保导电良好。

如果吊装过程中钢箱梁上的接地铜线需要倒换才能安装到位时,应先将接地铜线与钢箱梁全部连接完成,将其中一部分先行接地,待钢箱梁不再移动时,应将尚未接地的备用线先接地,再解除已接地并阻碍钢箱梁继续吊装的接地线。整个操作过程中,应由专业电工穿戴防护设备进行操作。

接地完成后,要对每一处的接地电阻进行测试,接地电阻应不大于4Ω。

6) 吊装过程中的监测

在吊装前,先将起重机吊臂伸至起吊高度的位置,再沿吊装线路旋转至安装位置进行空载模拟,分别在起吊位置、安装位置和距高压线最近的位置监测高压线与吊臂之间的最小净距。测量工程师应及时将监测数据反馈给吊车司机和吊装指挥员,在实际吊装过程中,必须依照模拟时的吊臂高度、吊臂角度进行安装,以确保施工安全。当参数调整时,应重新进行模拟和监测。

在吊车臂最前端和吊车操作室内安装高压电力设备非接触智能预警装置,按照高压电缆的距离要求设置预警报警距离。当出现误操作导致吊臂与高压线之间的距离接近预警距离时,该装置能自行报警提醒,此时应禁止强行操作,立即远离高压线。

#### 4.5.3.3 实施效果

2018年6月20日至27日,顺利完成了D匝道16~19号墩共8片钢箱组合梁的安装,积累了钢箱组合梁安装经验,同时采用接地、监测等措施,整个施工过程中,没有感触或实测到感应电流,达到了预期的目的,确保了施工安全。

## 4.6 跨线互通立交安全施工标准化管理

《关于打造公路水运品质工程的指导意见》指出,打造品质工程是今后一个时期推动公路水运工程质量和安全水平全面提升的有效途径。可见,安全保障和安全管理在公路水运品质工程中处于同样重要的地位。

安全管理以追求工程本质安全和风险可控为目标,促进工程安全、施工安全和使用安全协调发展。虎门二桥互通立交项目具体从以下四个方面加强安全施工标准化管理,提升工程安全保障水平。

### 4.6.1 加强工程安全风险管理基础体系建设

"十二五"以来,安全生产管理工作被提高到了前所未有的高度,各相关行业均陆续出台了一系列安全生产管理法规,使得东涌互通立交既定的设计和施工方案难以开展。为此,南沙大桥在广东省交通运输厅、广东省交通集团有限公司和广东省公路建设有限公司的统筹领导下,对原有施工图设计进行调整,充分考虑各行业的安全管理规范、标准,寻求最优建设方案(图4-74、图4-75)。

图4-74 支架现浇施工方案评审会议　　　　图4-75 下穿高铁施工现场协调会议

在近两年的研究和探索过程中,仅广东省交通集团有限公司层面组织的设计方案研究、审查会议就多达10余次,东涌互通立交范围60%的工程结构发生变更,设计上形成了油气管线防护、框架墩跨地方道路、钢结构跨既有高速公路、新旧桥梁拼宽等系列变更方案;工艺上形成了小箱梁预制架设、小箱梁纵横移施工、支架现浇箱梁施工、悬浇挂篮施工、钢箱梁顶推施工、钢箱组合梁吊装施工、钢箱梁拼装、钢壳梁悬浇、加宽桥、加宽路基施工等施工方案(图4-76~图4-79),东涌互通立交也被业内称为"桥梁工艺博物馆"。

东涌互通立交的建设,涉及地铁、高铁、高速公路、交警、油气管线等十多家单位和部门,沟通协调工作极大。南沙大桥项目对此进行周密部署,根据不同行业分成若干板块,由领导班子成员分别负责,广泛征询各相关单位意见,及时对设计方案、施工方案进行针对性调整。以下穿高铁为例,南沙大桥项目组织了方案讨论、现场调研、方案审查等10余次会议,中国铁路广州局集团有限公司下属的高铁咨询公司、工务段、电务段、供电段、通信段等十多个职能部门参与了施工方案的讨论、审查,细至吊车的布置位置、吊臂仰角、转动角度均有明确的要求。在各单位协同努力下,东涌互通立交的各专项施工方案逐项确定并切实可行(图4-80~图4-83)。

图4-76 钢箱组合梁吊装施工

图4-77 钢盖梁组拼施工

图4-78 钢壳梁吊装施工

图4-79 预制小箱梁吊装横移

图4-80 调研跨线施工

图4-81 协调现场施工

图4-82 考察广珠北段施工现场　　图4-83 调研跨油气管线施工

## 4.6.2 提升工程结构安全

南沙大桥项目自建设伊始就严格执行"四步法"(方案审查、首件总结、过程检查、技术总结)管理流程,有效保证了施工过程严格按照方案施工;同时,针对预制梁架设、现浇施工、悬浇施工等实行专控工序管理,监理落实专控工序施工签认,确保每一道关键工序安全处于受控状态。专控工序管理已被广东省交通运输厅纳入《广东省高速公路安全生产标准化指南》,成为本项目独特的管理模式。

东涌互通立交区域内现浇箱梁、悬浇箱梁现浇段、钢箱梁顶推、超宽盖梁施工等均采用高支架施工,部分悬浇箱梁0号块采用墩顶牛腿。针对众多的支撑体系施工,南沙大桥细化管控措施,规范管理程序,重点落实钢管入土深度签认、支架(牛腿)焊缝第三方探伤检测、支架预压沉降、位移监测等工作,形成大量过程资料,确保按照施工方案执行(图4-84、图4-85)。

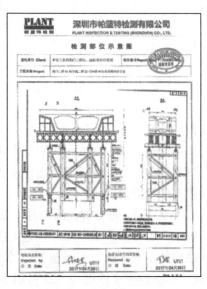

图4-84 支架验收合格标识牌　　图4-85 支架焊缝检测报告示意图

南沙大桥东涌互通立交区的主线桥和 A、H、D、E 四条匝道施工时横跨中石化石油管线、液化天然气管线、广州燃气管线等三条管线。项目采取了一系列安全施工标准化管理措施,首先对地下管线采用人工开挖。随后对天然气管道采取粉喷桩 + 混凝土盖板的防护方案,粉喷桩边距离管道中心 2.5m,在桩基施工之前完成管线防护,确保管线防护到位。

地铁防护棚(图 4-86)的施工只能等到地铁 4 号线停运后的 1:00—4:00 之间进行作业,也必须赶到地铁 4 号线在营运前停止作业,清理好场地;每次作业,项目部都安排了一名专职安全员和一名技术负责人跟班,作业前需先进行安全交底,以制度和措施确保防护棚的安全施工。地铁防护棚搭设完毕后,再进行靠地铁临边的桩基、墩身和上部结构施工。

图 4-86 地铁标准化安全防护棚

互通立交区的主线桥和 A、H、D、E 条匝道都是上跨既有线,而且工艺云集,挂篮悬浇、钢壳吊装、预制梁架设、钢箱梁顶推施工等风险之大,工艺烦琐,可以说在桥梁史上是前所未有的,为了保障现场能安全施工、文明施工、平安施工、顺利施工,从设计图纸和方案的源头开始,抓好工艺的本质安全。为了保障跨既有线和地铁 4 号线的正常运营。跨既有高速公路施工采用交通疏解 + 挂篮全兜底防护。所有的临边都设置踢脚板,张贴反光纸和警示牌。跨地铁施工采用防护棚 + 挂篮全兜底防护,周边采用钢管支架 + 密目钢丝网进行全封闭防护,最后安装缆风绳,设置警示区域,张贴安全警示标志,确保杂物不坠入行车道内和既有线路车辆的正常运行。

匝道两侧的钢管支架,将贝雷片架设在已经悬浇完成的主线桥梁段上,通过贝雷片上的吊杆吊起钢壳。可以通过其方法安全平稳地完成跨既有线 C 匝道的主线二桥工程,也能保障 C 匝道运行车辆的正常通行。钢壳既能当成永久性的模板,又能作横跨既有线的安全防护,保障了既有线的行车顺利通过。

下穿高铁的 H 匝道,施工前先编制施工安全专项方案并经专家评审通过后,再申请高铁运营单位的施工许可令。桥梁下部结构施工前,需在既有线桥墩周围设置防撞墩,以降低桥梁施工对高铁墩柱的不利影响。夜间施工时,保证有足够的照明,并在高铁墩柱上设置反光警示标志,避免施工车辆碰撞高铁墩柱。23 号墩、24 号墩下穿高铁位置上部结构为现浇箱梁,采用满堂支架法进行施工。支架基础采用在现浇箱梁投影范围内换填 50cm 砖渣压实,并在砖渣顶面采用15cm厚C20混凝土硬化,硬化宽度比支架两侧各超出50cm,并在场地四周设置排水沟,以防雨水浸泡地基。支架搭设完成后需经相关部门对支架结构检查验收合格后,再进行下道工序施工。在模板安装完成后、支架使用前先进行预压,按照箱梁重量的1.1倍对支架进行预压,预压合格后再进行钢筋绑扎等工序。该下穿高铁的梁高是1.6m,满足下穿高铁的安全净空距离。

### 4.6.3 深化平安工地建设

针对互通立交内较多的上跨既有线路,南沙大桥项目部强化现场安全管理,集中整治高处施工平台、脚手架、模板支撑体系等安全隐患和违章行为等,有效防范高空坠落。一是加强跨油气管线防护,根据不同区域的承载力要求,采用水泥双向搅拌桩+水泥混凝土盖板,对油气管线形成门式防护结构,确保油气管线安全;二是上跨地铁采用标准防护棚对轨行区进行防护,确保无任何杂物落入地铁运营区;三是推行标准化跨线挂篮防护,对挂篮进行临边全封闭,同时挂篮下设置兜底平台,严防高空坠物(图4-87);四是推行定型塔式安全爬梯,有效提高爬梯的安全性(图4-88);五是规范高空临边全围蔽防护。

图4-87 挂篮施工全封闭临边防护　　　　图4-88 标准化安全爬梯

如图4-89所示,在施工高峰期,互通立交区域内有12对挂篮、7座塔式起重机、3个提梁站、2台架桥机,以及20多台各类汽车起重机、履带起重机、门式起重机等大吨位吊装设备。主要采取以下管理措施:一是所有特种设备进场进行报验登记,对设备出厂合格证、检验检测合格报告及该设备的操作人员进行登记挂牌,对所有大型起重吊装设备和非标设备进行方案专家评审和专项验收;二是对起重吊装设备安装多种技术安全防范设施,防止设备倾覆,如门式起重机安装防风铁靴或液压夹轨器等自动锁轨装置;三是组织专业检查,南沙大桥项目委托特种设备专业单位进行每季度一次的起重设备(架桥机、塔式起重机、履带起重机、门式起重机及提梁门式起重机、卷扬机等)专项专业检查,特别对起重设备安全防护装置、监控系统和警示标志缺失或失效等进行集中整治;四是对起重吊装作业人员规范化管理。

项目部深入开展平安班组创建活动,提升班组安全管理能力。一是督促施工单位择优选取施工班组,采取激励措施确保班组工人队伍稳定;二是有针对性开展对班组长的管理能力提升培训,强化班组长的带班能力和安全管理能力;三是落实"办好一校、开好一会、管好一证"

班组教育培训,对高空作业和架梁作业班组按特种作业人员管理要求,实施培训发证和挂牌作业管理;四是班前会常态化管理,主要工点设置班前会大讲台,各班组全部实施班前5分钟教育。

图4-89 互通立交区的塔式起重机、挂篮施工图

### 4.6.4 提升工程安全服务水平

南二环高速公路和广珠北段高速公路是珠江西岸重要的国网干线高速公路,车流量极大,为确保行车安全,尽最大可能减少对高速公路运营造成影响,主要采取的措施有:一是委托专业单位编制《占道施工安全防护及交通疏解方案》,邀请相关专家、主管部门、高速公路路政、交警大队共同进行方案评审;二是建立高速公路巡查机制,由高速公路路政和施工单位工程组成巡查小组,每天不少于两次上路巡查,及时处理现场突发事件;三是建立跨线施工联络群,业主、监理单位、施工单位及高速公路业主、路政、交通管理部门实时沟通,及时反馈现场施工情况,有效提高效率。

## 4.7 本章小结

针对南沙大桥东涌互通立交工程面临的复杂跨线问题,全方位研究了涉及各种跨线类型及多种施工场景的跨线工程安全施工技术,分别形成了涉地铁施工安全防护工艺及装置研发、涉油气管线施工安全防护技术、上跨既有线路施工工艺及安全控制、下穿既有线路施工工艺及安全控制跨线互通立交安全施工标准化管理等系列关键技术和管理经验。经实际应用后效果提升明显,有效确保了东涌互通立交工程建设的安全与质量。

(1)所提出的涉地铁施工安全防护技术通过可移动施工平台装置的研发与安拆方案制定,实现了干扰物侵入地铁轨行区情况的零发生,在长达2年的邻线和跨线施工过程中未对地铁安全运营造成任何影响,工程应用效果显著。

(2)所提出的涉油气管线施工安全防护技术采用专属管线防护施工方案,将既有管道的微小扰动被限制在合理范围内。在保证结构施工的安全性与可靠性前提下,实现了管线的正常运营。所提出的防护方案及施工工艺已通过管线管理单位推广应用至其他需进行跨线施工的工程中。

(3) 所提出的上跨既有线路施工工艺及安全控制技术面向东涌互通立交实际使用的3种典型的上跨施工场景(悬浇施工、顶推施工及净空不足),针对各施工场景面临的施工难题,分别制定了专有施工方案及防护技术,实现了对桥下既有线路的最小影响,工程应用效果明显。

(4) 所提出的下穿既有线路施工工艺及安全控制技术面向东涌互通立交实际使用的多种典型的下穿施工场景,从防护装置设计与安拆、决策方案的制定与优化、监控结果的分析与讨论入手,系统阐述了解决各施工场景建造难点的全过程,具体形成了下穿高铁施工防护、既有高速公路下净空不足的小箱梁施工工艺、高压线下净空不足的小箱梁安装工艺以及高压线下钢箱组合梁安装施工工艺等系列关键技术,工程应用效果及推广性较好。

(5) 所提出的跨线互通立交安全施工标准化管理积极响应了绿色交通发展理念及标准化管理,从加强工程安全风险管理基础体系建设、提升工程结构安全、深化平安工地建设、提升工程安全服务水平等标准化管理手段入手,对现场施工操作、机械设备使用、多方同步协调、风险防控方案及施工措施方案进行标准化管理。切实保证了互通立交整个建造周期中的施工安全及质量,实现了东涌互通立交的安全施工、文明施工、平安施工。

本章以"问题"为导向,系统全面地对各种跨线场景的安全施工进行了针对性研究,重塑了南沙大桥东涌互通立交工程建造的全过程。其中的施工技术措施和安全技术管理对策,既确保了新建结构的安全和质量,又满足了既有线路安全运营的需要,可为类似工程提供关键技术支持。

## 参 考 文 献

[1] 吴玉刚.建设可持续桥梁工程的认识与实践[J].公路,2017,62(3):98-105.
[2] 徐德志,万志勇,梁立农.虎门二桥引桥总体设计[J].国防交通工程与技术,2015,13(4):22-25.
[3] 杨志伟.虎门二桥引桥(62.5m跨径)上部结构施工方案比选与验算[J].广东公路交通,2017,43(4):54-57.
[4] 徐德志.广东虎门二桥引桥跨径选择[J].广东公路交通,2016,142(1):15-19.
[5] 徐德志,彭李立,彭亚军.虎门二桥节段拼装箱梁结构设计[J].广东公路交通,2014(4):17-20.
[6] 陈志剑.短线匹配节段梁预制及架设的线形偏差调整[J].建筑工程技术与设计,2018(16):185.
[7] 童俊豪.虎门二桥节段箱梁墩顶块薄隔墙法施工工艺技术[J].广东公路交通,2018(2):32-34.
[8] 张鸿,张喜刚,丁峰,等.短线匹配法节段预制拼装桥梁新技术研究[J].公路,2011(2):76-82.
[9] 张鑫敏,阳威.短线匹配法预制节段接缝密封关键技术[J].广东公路交通,2019.
[10] 金志坚.浅析上跨高速公路桥梁的施工技术[J].建筑工程技术与设计,2014(14):277-277.